Le Théâtre Nº 34

(Reymond)

I0082242

Ed. Ad. Rioux

REGNARD

LA FOIRE
SAINT-GERMAIN

REPRÉSENTÉE POUR LA PREMIÈRE FOIS A PARIS EN

1500

LA SUITE DE LA FOIRE
COMÉDIE EN UN ACTE

REPRÉSENTÉE POUR LA PREMIÈRE FOIS A PARIS EN

1500

NOUVELLE ÉDITION
PUBLIÉE

fondateur Collection ——— 100 Bons Livres 100

PARIS
PÉPARTEMENTS, ÉTRANGER,
CHEZ TOUS LES LIBRAIRES

1878

Yf 1174J

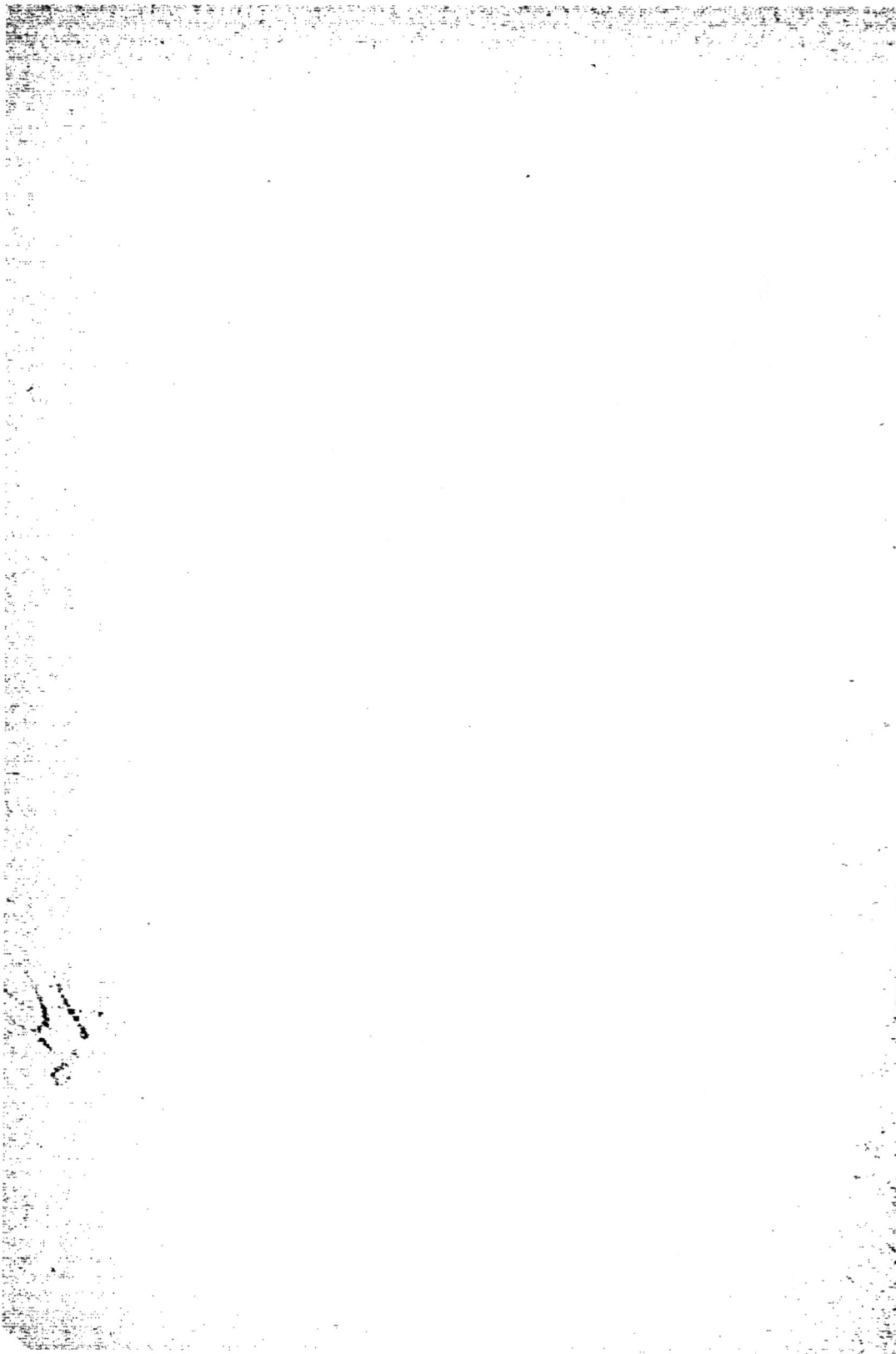

LA
FOIRE SAINT-GERMAIN

PERSONNAGES

ARLEQUIN, intrigant.
COLOMBINE, intrigante.
LE DOCTEUR, tuteur et amoureux d'Angélique.
ANGÉLIQUE.
OCTAVE, amant d'Angélique.
PIERROT, valet du docteur.
NIGAUDINET, provincial amoureux d'Angélique. *Mezzetin.*
FANTASSIN, valet de Nigaudinet. *Pierrot.*
UN MARQUIS. *Léandre.*
LE CHEVALIER. *Octave.*
UNE COQUETTE. *Arlequin.*
CASCARET, laquais de la coquette.
MARCHAND D'ÉTOFFES. *Scaramouche.*
GARÇON PATISSIER. *Mezzetin.*
ASTHMATIQUE. *Scaramouche.*
FEMME DE L'ASTHMATIQUE. *Angélique.*

UN DORMEUR. *Scaramouche.*
LA TRICHARDIÈRE, *l'âme. Scaramouche.*
UN LIMONADIER, en Arménien. *Léandre.*
UN OFFICIER SUISSE. *Scaramouche.*
UN PETIT-MAITRE. *Mezzetin.*
MUSICIEN ITALIEN. *Mezzetin.*
CARICACA, apothicaire, *Mezzetin.*
UN PORTEUR DE CHAISE.
UNE JEUNE FILLE. *Colombine*
LA CHANTEUSE.
UNE LINGÈRE.
PLUSIEURS MARCHANDS ET MARCHANDES DE LA FOIRE.
UN VALET DE THEATRE. *Pierrot.*
UNE PETITE FILLE en cage.
UN FILOU ET PLUSIEURS AUTRES PERSONNAGES MUETS.

(La scène est à Paris, dans l'enclos de la foire Saint-Germain.)

(Le théâtre représente la foire Saint-Germain.)

ACTE PREMIER

—

SCÈNE I

ARLEQUIN, UNE LINGÈRE, UN GARÇON PATISSIER; MARCHANDS ET MARCHANDES DANS LEURS BOUTIQUES.

LES MARCHANDS crient. — Des robes de chambre de Marseille; venez voir ici de très-belles chemises de toile de Hollande; des robes de chambre à la mode; des bonnets à la siamoise ; du fromage de Milan, messieurs ; venez chez nous : toutes sortes de vins d'Italie, de la Verdée, du Grec, de la Malvoisie.

LE GARÇON PATISSIER, tenant sur sa tête un clayon de ratons. — Des ratons tout chauds, messieurs ; des ratons, à deux liards. Que ces marchands font de bruit ! je m'en vais me divertir en les contrefaisant tous dans une chanson.

(Il chante, et change de ton à chaque différent cri.)

> Oranges de la Chine, oranges ;
> Des rubans, des fontanges ;
> Faïence à bon marché ;
> Thé, chocolat, café ;
> Vous faut-il rien du nôtre ?
> L'on va commencer, venez tôt ;
> Des peignes, des couteaux ;
> Des étuis, des ciseaux :
> Ne prenez rien à d'autres,
> J'ai tout ce qu'il vous faut.

ARLEQUIN, après avoir écouté avec attention ces différents cris. — O désir insatiable de l'homme ! j'entends crier à la foire tout ce qu'il y a de beau et de bon dans Paris ; je voudrais bien acheter tout ce que j'entends crier, et je n'ai qu'une petite pièce pour ma foire.

LE GARÇON PATISSIER, au fond du théâtre. — Des ratons tout chauds, à deux liards, à deux liards.

ARLEQUIN. — Commençons par le plus nécessaire. Le plus nécessaire à la vie c'est le manger. Holà ! hé ! les ratons.

LA LINGÈRE, dans sa boutique. — Chemises de Hollande.

LE GARÇON PATISSIER, au fond du théâtre. — A deux liards, à deux liards.

ARLEQUIN. — Des chemises de Hollande à deux liards ! Je n'ai point de chemises ; voilà mon affaire. Holà ! hé ! chemises de Hollande ! (La marchande lui met une chemise.)

UN MARCHAND, dans sa boutique. — Des indiennes à la mode, de très-belles robes de chambre.

LE GARÇON PATISSIER, toujours derrière. — A deux liards, à deux liards.

ARLEQUIN. — Des robes de chambre à deux liards ! Il

faut qu'il les ait volées. L'homme aux robes de chambre! (Le marchand lui met une robe de chambre.)

UNE MARCHANDE. — Des couvertures de Marseille, voyez ici.

LE GARÇON PATISSIER. — A deux liards.

ARLEQUIN. — Encore! il faut que l'on ait taxé toutes les nippes de la foire à deux liards, à cause de la disette d'argent. Parlez donc, hé! couvertures de Marseille!

(On lui donne une couverture de Marseille qu'il met sous son bras.)

UN MARCHAND. — Des olives de Vérone, du fromage de Milan, messieurs.

LE GARÇON PATISSIER. — A deux liards, à deux liards.

ARLEQUIN. — Le fromage de Milan à deux liards! *O che fortuna!* L'homme au fromage! (Il prend un fromage.)

LE GARÇON PATISSIER, passant devant Arlequin. — Ratons tout chauds, tout fumants, tout sortants du four, à deux liards, deux liards.

ARLEQUIN. — Hé! l'homme aux ratons! voyons ta marchandise.

LE GARÇON PATISSIER. — Tenez, monsieur, les voilà tout chauds.

ARLEQUIN. — Donnes-tu le treizième?

LE GARÇON PATISSIER. — Oui, monsieur.

ARLEQUIN, prenant un raton. — Eh bien! je le prends; demain j'en achèterai une douzaine.

LE GARÇON PATISSIER, reprenant son raton. — Doucement, s'il vous plaît, il faut payer avant que de manger.

ARLEQUIN, tirant une petite pièce de sa poche. — Attends. Voyons si j'ai de quoi payer tout cela. Deux liards de chemise, deux liards de robe de chambre, deux liards de couverture de Marseille, deux liards de fromage : voilà qui fait deux sols. Il me faudra avec cela pour deux liards de filles : cela fera six blancs. Malepeste! que l'argent va vite! N'importe, j'avais besoin de cette petite réparation. (Au garçon pâtissier.) Tiens, mon ami, voilà une petite pièce que je te donne, et voilà trois ratons que je prends : du surplus, paye ces marchands. Serviteur. (Il s'en va; les marchands courent après lui.)

SCÈNE II

ANGÉLIQUE, COLOMBINE.

COLOMBINE. — Eh! bonjour, mademoiselle ; quel bon vent vous amène à la foire? et que je suis heureuse de vous rencontrer !

ANGÉLIQUE. — Ah! Colombine, te voilà! que fais-tu dans ce pays-ci ?

COLOMBINE. — Ma foi, madame, il faut qu'une fille, pour vivre honnêtement, sache plus d'un métier. Je fais prêter de l'argent à des enfants de famille qui n'en ont point; je le fais dépenser à ceux qui en ont; je raccommode des ménages disloqués; j'en brouille d'autres, et quantité de petits négoces de cette nature-là. Et vous, mademoiselle, que faites-vous présentement ?

ANGÉLIQUE. — Toujours la même chose, Colombine; j'aime.

COLOMBINE. — Tant pis ! L'amour est un métier bien ingrat pour les honnêtes filles qui se font scrupule d'en tirer toute la quintessence.

ANGÉLIQUE. — Tu vois, Colombine, une fille bien embarrassée, et qui a déjà pensé se perdre à la foire.

COLOMBINE. — Cela est fort honnête de se perdre toute seule dans un lieu public.

ANGÉLIQUE. — Une fille vertueuse se retrouve toujours.

COLOMBINE. — La fille se retrouve, mais quelquefois la vertu ne se retrouve plus avec elle.

ANGÉLIQUE. — Tu connais ma sagesse, Colombine.

COLOMBINE. — Je la connaissais autrefois; mais les choses changent, et on ne voit guère de cette marchandise-là à la foire, quoiqu'on ne laisse pas que d'y en vendre.

ANGÉLIQUE. — Je cherche un asile contre les mauvais traitements de mon tuteur. Tu connais ses caprices.

COLOMBINE. — Nous avons assez demeuré ensemble pour nous connaître réciproquement.

ANGÉLIQUE. — Tu ne sais pas qu'il est devenu amoureux de moi?

COLOMBINE. — C'est donc depuis que je n'y suis plus? Le petit inconstant!

ANGÉLIQUE. — Il veut m'épouser.

COLOMBINE. — Un tuteur épouser sa pupille! C'est une manière abrégée de rendre ses comptes. Mais à ces comptes-là, quand le tuteur est vieux, la pupille trouve de grandes erreurs de calcul.

ANGÉLIQUE. — Il y a encore un nigaud de Normand, de Pont-l'Évêque, qui se nomme Nigaudinet, qui est venu à Paris exprès pour se marier, et qui a du goût pour moi.

COLOMBINE. — Vous voilà bien lotie, entre un docteur et un Bas-Normand.

ANGÉLIQUE. — Je ne veux ni de l'un ni de l'autre; et je suis sortie de la maison de mon tuteur dans le dessein de n'y point rentrer que je n'aie épousé Octave.

COLOMBINE. — Pour l'amant de Pont-l'Évêque, nous lui jouerons quelques tours pour vous en débarrasser. A l'égard du docteur, quelque appétit qu'il ait pour vous, je sais bien un moyen sûr pour l'en dégoûter. Le vieux penard ne vous épouse que parce qu'il croit qu'il n'y a que vous de fille sage au monde. Laissez-moi faire; avant qu'il soit une heure, je veux que vous passiez dans son esprit pour la fille de la foire la plus équivoque.

ANGÉLIQUE. — Il est si prévenu en ma faveur, et il me croit si sage, qu'il sera difficile de lui faire croire le contraire.

COLOMBINE. Bon! bon! je fais bien pis; je fais tous les jours passer pour sages des filles qui ne l'ont jamais été.

SCÈNE III

ANGÉLIQUE, COLOMBINE, OCTAVE; UN PORTEUR ivre.

OCTAVE, au porteur. — Va, mon ami, laisse-moi en repos, tu n'es pas en état de me porter.

LE PORTEUR. — Mais, monsieur, un porteur..., il faut qu'il porte ; nous savons la règle.

OCTAVE, à Angélique. — Ah ! madame, il y a une heure que je vous cherche ; mais, puisque j'ai le plaisir de vous voir, je suis trop bien payé de mes peines.

LE PORTEUR, croyant qu'Octave lui parle. — Payé de mes peines ? Eh ! palsambleu, je n'ai encore rien reçu.

ANGÉLIQUE. — Vous voyez, Octave, ce que je fais pour vous. Voilà Colombine qui nous secondera pour rompre les mariages dont nous sommes menacés.

OCTAVE. — Ah ! ma chère Colombine, que je te serai obligé ! Dispose de ma bourse, ne l'épargne point ; combien te faut-il ?

COLOMBINE. — Ah ! monsieur...

LE PORTEUR. — Je vous assure, monsieur, que vous ne sauriez moins donner qu'un écu pour le principal, et quatre francs pour boire.

OCTAVE, à Angélique. — Vous me promettez donc, charmante Angélique, d'être toujours dans les mêmes sentiments, et de ne jamais changer.

LE PORTEUR. — Changer ? changer ? Oh ! monsieur, si vous voulez changer, je trouverai de la monnaie. Mais ces officiers n'ont jamais de monnaie ; j'en sais bien la raison.

COLOMBINE. — Ah ! mademoiselle, voilà votre tuteur : entrons dans ma loge, et nous verrons ensemble ce qu'il faudra faire. (Ils s'en vont ; le porteur reste.)

SCÈNE IV

LE PORTEUR, LE DOCTEUR ; PIERROT, avec une échelle et des affiches.

PIERROT. — Je vous dis, monsieur, que vous me laissiez gouverner cela ; je vous retrouverai Angélique.

LE PORTEUR, au docteur, croyant parler à Octave. — Allons, monsieur, dépêchons, je n'ai pas le temps d'attendre ; j'ai chaud et je pourrais m'enrhumer.

LE DOCTEUR. — Que veux-tu donc, mon ami ?

LE PORTEUR *le regarde.* — Ah! j'étais bien nigaud! Je croyais parler à un officier, et ce n'est qu'un bourgeois. Je m'en vais prendre mon ton pour les bourgeois. (Haut.) Allons, de l'argent.

LE DOCTEUR. — De l'argent? Pourquoi donc de l'argent?

LE PORTEUR. — Parbleu, la question est drôle! Pour vous avoir porté en chaise.

PIÈRROT. — Monsieur le docteur ne monte jamais en chaise.

LE PORTEUR. — Oh! morgué, point tant de raisons, avec ma houssine je vous redresserai.

PIERROT. — Comment! coquin! lever la main sur monsieur le docteur!

LE PORTEUR. — Ah! morgué, il n'y a docteur qui tienne; il me faut de l'argent. (Il veut les battre, le docteur et Pierrot le chassent.)

SCÈNE V

LE DOCTEUR, PIERROT.

PIÈRROT. — Pour venir donc à la conclusion, je vous dis encore une fois, monsieur, que je vous ferai retrouver Angélique, fût-elle dans les Indes, dans le Ponotapa.

LE DOCTEUR. — Quelle cruauté de perdre une pauvre enfant qui m'aime si tendrement!

PIÈRROT. — Quel âge avait-elle ce matin, quand vous l'avez perdue?

LÈ DOCTEUR. — Vingt-deux ans.

PIERROT. — C'est votre faute.

LE DOCTEUR. — Comment?

PIERROT. — C'est votre faute, vous dis-je. Il faut tenir les filles présentement par la lisière jusqu'à trente ans; encore a-t-on bien de la peine à les empêcher de faire quelque faux pas.

LÈ DOCTEUR. — Ah! Pierrot! perdre une fille avec laquelle j'allais me marier! Cela est bien dur.

PIÈRROT. — Je vous dis que vous ne vous mettiez pas en peine; je vous la ferai retrouver peut-être au double.

LE DOCTEUR. — Que veux-tu donc dire, au double ?

PIERROT. — Oui, monsieur, et peut-être au triple. J'avais autrefois une doguine que je perdis ; six semaines après, je la retrouvai avec trois petits doguins dans le ventre.

LE DOCTEUR. — Les trois doguins sont de trop ; je me contente bien de retrouver Angélique comme je l'ai perdue.

PIERROT. — C'est pour vous dire comme j'ai la main heureuse pour les retrouvailles. Tenez, monsieur, voilà quatre mille affiches toutes prêtes.

LE DOCTEUR. — Mets-en de tous les côtés, au moins.

PIERROT. — Laissez-moi faire ; je l'afficherai où il faut : aux cafés, aux cabarets, dans les chambres garnies, enfin dans tous les endroits où l'on trouve les filles perdues. Voulez-vous que je vous lise l'affiche ? C'est un petit ouvrage d'esprit que j'ai fait entre la poire et le fromage. (Il lit.)

Fille perdue, trente pistoles à gagner.

« Il a été perdu, entre chien et loup, entre Boulogne et Vincennes, une fille entre deux âges, qui était entre deux tailles, les cheveux entre bruns et blonds, l'œil entre doux et hagard. Quiconque la trouvera, la mette entre deux portes, et avertisse M. le docteur, qui demeure entre un maréchal et un médecin. Fait à Paris, entre deux tréteaux, par Pierrot, entre deux vins. »

LE DOCTEUR. — Voilà bien de l'entre-deux.

PIERROT. — Monsieur, tandis que je serai en train d'afficher, ne voulez-vous point que j'affiche aussi votre esprit ? Je ferai d'une pierre deux coups.

LE DOCTEUR. — Que veux-tu dire, afficher mon esprit ?

PIERROT. — Vraiment oui, monsieur ; il faut que vous l'ayez perdu, à votre âge, de vouloir épouser une jeune fille qui s'échappe comme une anguille.

LE DOCTEUR. — Tiens, voilà ce que j'ai perdu et ce que tu as retrouvé. (Il lui donne un soufflet.)

PIERROT. — Je ne veux point du bien d'autrui ; puisque je l'ai trouvé, je vous le rends.

(Il veut lui donner un soufflet, le manque et s'en va.)

SCÈNE VI

LE DOCTEUR, COLOMBINE.

COLOMBINE. — Ah! monsieur le docteur, vous voilà! J'ai bien du plaisir de vous revoir en ce pays.

LE DOCTEUR. — Tu vois un homme au désespoir: j'étais sur le point de me marier avec Angélique...

COLOMBINE. — C'est un point fatal; je sais mille fripons d'amants qui n'attendent que ce moment-là pour se faire payer de leurs services passés.

LE DOCTEUR. — Que me dis-tu là, Colombine? Je voudrais avoir des marques de son infidélité, pour me guérir de l'amour que j'ai pour l'ingrate.

COLOMBINE. — Allez m'attendre au premier détour, et dans un moment je suis à vous.

LE DOCTEUR, s'en allant.—Ah! la traîtresse! la traîtresse!

SCÈNE VII

COLOMBINE, seule. — Le bonhomme avale assez bien la pilule. Je veux conduire Angélique dans tous les lieux de la foire les plus suspects : j'ai concerté ce stratagème avec les parties intéressées.

SCÈNE VIII

COLOMBINE, ARLEQUIN.

COLOMBINE. — Mais qui est cet homme-là?

ARLEQUIN, sans voir Colombine. — A deux liards, à deux liards. Voyez le peu de bonne foi qu'il y a dans le commerce! on voulait ravoir les nippes qu'on m'avait vendues deux liards... Quelque sot!... (Il aperçoit Colombine.) N'est-ce point là de la marchandise à deux liards? (Il passe devant elle et l'examine.) Voilà apparemment quelque aventurière foraine. (Haut.) Mademoiselle, ne seriez-vous point par hasard de ces chauves-souris appri voisées, qui gracieusent le bourgeois et lui proposent la collation?

COLOMBINE. — En vérité, monsieur, vous me faites plus d'honneur que je n'en mérite. Et vous, ne seriez-vous point par aventure de ces chevaliers déshérités par la fortune, qui retrouvent leur patrimoine dans la bourse des passants?

ARLEQUIN. — Ah! pour cela, mademoiselle, vous mettez ma pudeur hors des gonds. Je suis un gentilhomme, qui ai depuis peu quitté le service pour prendre de l'emploi à la foire.

COLOMBINE. — Sans trop de curiosité, peut-on vous demander si vous avez été longtemps dans le service?

ARLEQUIN. — Dix ans.

COLOMBINE. — En Flandre, ou en Allemagne?

ARLEQUIN. — A Paris. J'y ai été trois ans cuirassier du Guet, après avoir servi volontaire dans le régiment de l'Arc-en-Ciel.

COLOMBINE. — Je n'ai jamais ouï parler de ce régiment-là.

ARLEQUIN — C'est pourtant un des gros régiments du royaume; les soldats y sont tantôt fantassins et tantôt carrossiers, et sont habillés de vert, de rouge et de jaune, suivant la fantaisie des capitaines.

COLOMBINE. — Je commence présentement à avoir quelque teinte de votre régiment.

ARLEQUIN. — Comment diable! c'est la milice la plus nécessaire à l'Etat, et c'est le régiment où l'on fait le plus vite son chemin; c'est de là qu'on tire des officiers pour remplir les postes les plus lucratifs. Je connais vingt commis en chef qui n'ont jamais fait leur exercice que dans ce corps-là.

COLOMBINE. — Je suis ravie, monsieur, de trouver en vous un gentilhomme qui ait étudié dans une académie si florissante. Apparemment que vous savez faire l'exercice du flambeau.

ARLEQUIN. — J'ai eu l'honneur d'éclairer, chemin faisant, une femme de robe, une femme garde-note et la concierge d'un abbé.

COLOMBINE. — La concierge d'un abbé? Voilà une plaisante condition! Et quel était l'emploi de cette concierge-là?

ARLEQUIN. — Elle avait soin des meubles de monsieur; elle lui faisait de la gelée, bassinait son lit et le frisait tous les soirs.

COLOMBINE. — Il n'y a pas grand ouvrage à friser des cheveux courts comme ceux-là.

ARLEQUIN. — Plus que vous ne pensez : j'aimerais mieux coiffer dix femmes en boucles, que de mettre une tête d'abbé en marrons.

COLOMBINE. — Vous avez raison, il y a plus à faire auprès de ces messieurs-là qu'auprès des femmes.

ARLEQUIN. — Je me suis pourtant assez bien trouvé des femmes, et, dans le fond, ce sont de bonnes personnes : on en dit la rage, mais moi je ne les trouve pas si dévergondées que les hommes.

COLOMBINE. — Assurément on peut dire, pour les excuser, qu'elles sont plus exposées au péril. Pour peu qu'une femme ait d'enjouement, un soupirant lui donne vivement la chasse : elle évite un temps l'écueil dangereux des présents; elle résiste à la tempête; mais à la fin il vient une bourrasque de pleurs et de soupirs; un amant fait force de voiles, il double le cap de Bonne-Espérance : une femme veut se sauver, elle donne contre un rocher; voilà la barque renversée; et dans cette extrémité-là, l'honneur a bien de la peine à se sauver à la nage.

ARLEQUIN. — L'honneur d'à-présent est pourtant bien mince et bien léger; il devrait aller sur l'eau comme du liége.

COLOMBINE. — Cette femme de robe, par exemple, que vous avez éclairée, son honneur savait-il nager?

ARLEQUIN. — Il faisait quelquefois le plongeon; mais d'ailleurs c'était une brave femme; elle faisait l'extrait de tous les procès dont monsieur était le rapporteur; elle n'avait jamais étudié, et elle savait plus de latin que son mari.

COLOMBINE. — Et cette femme garde-note, n'a-t-elle jamais fait de faussetés dans son ministère ?

ARLEQUIN. — Ah ! Il ne faut jamais dire de mal de gens dont on a mangé le pain ; mais si l'on avait gardé minute dans l'étude de tout ce qui se faisait dans la chambre, il aurait fallu plus de vingt clercs pour en délivrer des expéditions ; et, pour dire la vérité, je crois qu'il se passait moins d'actes par-devant monsieur que par-devant madame.

COLOMBINE. — C'est-à-dire qu'il y avait toujours quelqu'un dans le logis qui signait en second.

ARLEQUIN. — Justement.

COLOMBINE. — Pour moi, dans toutes les conditions que j'ai faites, tout ce que je voyais m'échauffait si fort la bile, que je me suis faite limonadière, pour me rafraîchir la conscience.

ARLEQUIN. — C'est-à-dire que vous avez présentement la conscience à la glace. Pour moi, pour le repos de la mienne, j'attrape ici l'argent du badaud ; c'est moi qui suis le maître de la Bouche de Vérité, des trois théâtres, du cadran du Zodiaque, du sérail de l'empereur du Cap-Vert, et autres sottises lucratives de cette nature-là.

COLOMBINE. — Quoi ! c'est toi qui...

ARLEQUIN. — Oui, moi-même.

COLOMBINE. — Voilà cinquante pistoles qui te sautent au collet, si tu veux être de concert avec nous pour tromper un vieux docteur, lui faire voir sa maîtresse dans toutes tes boutiques, et renvoyer un provincial à Pont-l'Evêque.

ARLEQUIN. — Vous vous moquez de moi : je ne suis point intéressé ; l'argent ne m'a jamais dominé ; mais je n'ai jamais rien refusé pour cinquante pistoles.

COLOMBINE. — Je vais envoyer le docteur à ta Bouche de Vérité, et je te dirai après ce qu'il faudra faire.

ARLEQUIN. — Va vite, et moi, de mon côté, je vais faire ouvrir mon magasin. Holà, hé ! qu'on ouvre.

SCÈNE IX

(La ferme s'ouvre ; on voit trois bustes, posés sur trois tables différentes, au milieu du théâtre.)

ARLEQUIN, seul.

Voici le rendez-vous de tous les curieux ;
C'est ici qu'on voit tout, pourvu qu'on ait des yeux ;
Ici l'on entend tout, quand on a des oreilles
Et de l'argent, s'entend. O têtes sans pareilles !
Vous, effort de mon art, miracle de ma main,
Vous ne cesserez pas d'être mon gagne-pain
     Tant que la ville
    En badauds sera fertile.
Vous êtes, il est vrai, de bois et de carton,
Vides de sens commun, sans esprit, sans raison :
Cependant vous allez prononcer des oracles ;
Mais on voit tous les jours de semblables miracles.
    Que de cervelles à ressorts
    Voyons-nous dans les plus grands corps,
    Former de graves assemblées,
    Décider de nos destinées !
    En un mot, combien voyons-nous
    De ces têtes tant consultées
    Qui n'ont pas plus d'esprit que vous !
    (Une des têtes représentées par la chanteuse, chante :)

      Venez à nous,
      Accourez tous ;
      Rien n'est si doux
    Que d'apprendre sa destinée ;
      Mais dans l'hyménée,
    L'ignorance est d'un grand secours.
      Époux, ignorez toujours.

SCÈNE X

ARLEQUIN, LE DOCTEUR.

LE DOCTEUR. — Une nommée Colombine m'a dit, monsieur, que j'aurais ici des nouvelles d'une fille égarée que j'ai fait afficher.

ARLEQUIN, à part. — Voilà le docteur dont on m'a parlé; il faut le turlupiner. (Haut.) De quoi vous embarrassez-vous de chercher une fille? Et qu'en ferez-vous quand vous l'aurez retrouvée?

LE DOCTEUR. — Ce que j'en ferai? Je l'épouserai.

ARLEQUIN rit et le regarde sous le nez. — Vous, l'épouser? Et de quelle profession êtes-vous, monsieur l'épouseur?

LE DOCTEUR. — Je suis docteur, monsieur, à votre service.

ARLEQUIN. — *Benè.* Voilà une qualité d'une bonne ressource pour une femme. Et quel âge?

LE DOCTEUR. — Je cours ma soixante-dixième.

ARLEQUIN. — *Optimè.* C'est une année bien glissante, et vous courrez risque de vous y casser le cou. Et la fille est âgée?...

LE DOCTEUR. — De vingt ans, ou environ.

ARLEQUIN. — Ah! que cela est bien fait! Quand on n'a plus de dents, on ne saurait prendre la viande trop tendre.

LE DOCTEUR. — Je voudrais bien savoir, monsieur, par le moyen de votre Bouche de Vérité, quel sera mon sort dans le mariage?

ARLEQUIN. — C'est-à-dire que vous voudriez bien savoir si votre future ne vous enregistrera point dans le grand catalogue où Vulcain est à la tête.

LE DOCTEUR. — Vous l'avez dit; et j'aurais une petite démangeaison d'apprendre ma destinée sur ce chapitre-là.

ARLEQUIN. — C'est agir prudemment; il vaut mieux s'en éclaircir avant le mariage, que de vouloir en être instruit quand on est marié. Il faut aller à la Bouche de Vérité, et vous essayer le bonnet.

LE DOCTEUR. — Comment! qu'est-ce que cela veut dire?

ARLEQUIN prend le bonnet. — Voilà un bonnet qui ne s'est jamais trompé en sa vie; et s'il change de figure sur votre tête, c'est que vous serez coiffé à la moderne.

LE DOCTEUR. — Oh! mettez, mettez; je ne crains rien.
(Arlequin lui met le bonnet, qui aussitôt se change en croissant.)

LA BOUCHE DE VÉRITÉ chante.

Console-toi d'avoir sur ton turban
Les armes qu'on révère en l'empire ottoman;
On les porte par tout le monde,
Et j'en voi
Qui, malgré leur perruque blonde,
Ne sont pas mieux coiffés que toi.

(Le docteur se regarde dans un petit miroir qui est sur la table de
la Bouche de Vérité, jette de dépit le bonnet et s'en va.)

SCÈNE XI

ARLEQUIN, UNE JEUNE FILLE.

LA JEUNE FILLE. — Il y a longtemps, monsieur, que
la curiosité m'aurait amenée ici, si la crainte ne m'avait
retenue.

ARLEQUIN. — La curiosité mènerait les filles bien
loin, si la crainte ne les retenait; mais c'est une bride
qui n'est pas toujours la plus forte.

LA JEUNE FILLE. — Je ne crois pas qu'il y ait une fille
plus craintive que moi; je n'oserais demeurer seule, et
la nuit, j'ai si peur des esprits, qu'il faut que j'aille
coucher avec ma mère pour me rassurer.

ARLEQUIN. — Si vous aviez fait connaissance avec
de certains esprits palpables, vous auriez moins peur
d'eux que de votre mère. Puisque vous êtes si timide,
il faut donc que je devine le sujet qui vous conduit ici.
Voulez-vous savoir si votre beauté durera longtemps?

LA JEUNE FILLE. — Mais, monsieur, je crois qu'elle
durera autant que ma jeunesse.

ARLEQUIN. — Les femmes d'aujourd'hui poussent la
jeunesse bien loin; et j'en vois tous les jours qui, selon
leur calcul, sont encore plus jeunes que leurs filles.

LA JEUNE FILLE. — Il est vrai, et j'ai une vieille
tante qui veut à toute force passer pour ma sœur, et
qui dernièrement cassa de dépit son miroir en disant

que la glace en était ridée, et qu'on n'en faisait plus d'aussi belles qu'au temps passé.

ARLEQUIN. — Laissez-moi faire; je suis après à établir une manufacture de glaces exprès pour les vieilles.

LA JEUNE FILLE. — Je trouve cela si ridicule, que je renoncerai à la jeunesse dès que j'aurai vingt ans.

ARLEQUIN. — Oui, vous compterez de bonne foi jusqu'à dix-huit; mais vous serez terriblement longtemps sur la dix-neuvième. Ce n'est donc pas le soin de votre jeunesse ni de votre beauté qui vous amène ici?

LA JEUNE FILLE. — Non, monsieur.

ARLEQUIN. — Cela m'étonne; car c'est d'ordinaire le seul soin qui occupe les femmes. Vous voulez peut-être savoir si vous aurez des amants?

LA JEUNE FILLE. — Des amants? Qu'est-ce que c'est que des amants?

ARLEQUIN. — Un amant! c'est une espèce d'animal soumis qui s'insinue auprès des filles en chien couchant, les mord en mâtin et s'enfuit en lévrier.

LA JEUNE FILLE. — Si c'est cela que vous appelez des amants, j'en ai bien de cette espèce-là. J'ai entre autres un grand cousin qui me suit toujours, qui me baise les mains quand il peut les attraper, et qui me dit qu'il se tuera si je ne l'aime.

ARLEQUIN. — Voilà le chien couchant, cela : prenez garde qu'il ne devienne mâtin; car je suis bien trompé si ce cousin-là n'a envie de faire avec vous une alliance plus étroite.

LA JEUNE FILLE. — Je connais encore un jeune monsieur, qui va à l'armée, qui me fait toujours quelque petit présent.

ARLEQUIN. — Voilà le lévrier; prenez garde à vous.

LA JEUNE FILLE. — C'est lui qui m'a apporté de Flandre les cornettes et les engageantes que vous voyez.

ARLEQUIN. — Des cornettes et des engageantes! Quand une fille est prise par la tête et par les bras, elle a bien de la peine à se défendre; je vous en avertis.

LA JEUNE FILLE. — Je voudrais savoir de vous si... Mais... n'y a-t-il là personne?

ARLEQUIN. — Non, non ; parlez hardiment.

LA JEUNE FILLE. — Je voudrais savoir si... Mais... je n'ose vous le dire.

ARLEQUIN. — Ah ! que de si et de mais !

LA JEUNE FILLE. — Je voudrais donc savoir si je serai mariée cette année.

ARLEQUIN. — Je ne puis pas vous dire cela bien positivement ; mais je sais qu'il ne tiendra qu'à vous de vous faire passer un vernis de mariage.

LA JEUNE FILLE. — Oh ! fi, monsieur ; le vernis me fait mal à la tête.

ARLEQUIN. — Pour vous dire cela bien sûrement, il faudrait savoir auparavant si vous êtes fille.

LA JEUNE FILLE. — Si je suis fille ?

ARLEQUIN. — Mais fille-fille. Il y en a bien qui usurpent ce nom-là : de tous les titres, c'est le plus aisé à falsifier ; et telle porte un losange en écusson, qui pourrait entourer ses armes de bien des cordons de veuve. A *la prova*. Mettez votre main dans la Bouche de Vérité : si vous êtes aussi fille que vous le dites, elle répondra à votre demande ; mais si vous n'êtes que demi-fille, elle vous mordra si fort qu'elle ne vous lâchera peut-être pas de dix ans.

LA JEUNE FILLE. — Qu'est-ce que c'est, s'il vous plaît, qu'une demi-fille ?

ARLEQUIN. — Mais, une demi-fille, c'est une fille qui... dans l'occasion... Avez-vous jamais vu des castors ?

LA JEUNE FILLE. — Oui, monsieur.

ARLEQUIN. — Eh bien ? il y a des castors et des demi-castors. Une demi-fille, c'est comme qui dirait un demi-castor ; il y entre un certain... mélange, qui fait... que... Tout le monde vous dira cela. Mettez, mettez seulement votre main dans la Bouche de Vérité.

LA JEUNE FILLE. — Oh ! monsieur, je ne crains rien ; y eût-il vingt bouches, j'y mettrais mon bras jusqu'au coude.

ARLEQUIN. — Allons, voyons. Qu'est-ce ? Vous résistez ! C'est-à-dire qu'il y a du demi-castor.

LA JEUNE FILLE. — Ce n'est pas que j'aie peur ; mais

si votre bouche était une gourmande qui m'allât mordre sans sujet ?

ARLEQUIN. — Ne craignez rien ; c'est une bouche fort sobre, et qui ne mord que bien à propos.

(La jeune fille approche sa main ; la bouche remue comme si elle voulait mordre.)

LA BOUCHE DE VÉRITÉ chante.

Prends garde à mes dents,
Crains ma colère ;
J'ai mordu ta mère
A quinze ans
Car en ce temps
Une fille n'est guère
Plus fille que sa mère.

LA JEUNE FILLE. — Je suis la très-humble servante de la Bouche de Vérité ; mais j'ai trop peur de ces vilaines dents-là.

SCÈNE XII

ARLEQUIN, seul.

C'est fort bien fait, prends garde à ses dents.
Si mainte fille que je vois
Etait mise à pareille épreuve,
Il n'en serait point de si neuve
Qui n'y pensât plus d'une fois.

SCÈNE XIII

ARLEQUIN, UN ASTHMATIQUE, enveloppé d'un manteau fourré.

L'ASTHMATIQUE. — Ouf! je me meurs! Ouf! je suis mort! Ouf! je veux parler.

ARLEQUIN. — Vous êtes mort, et vous voulez parler? Vous ne viendrez jamais à bout de cette affaire-là.

L'ASTHMATIQUE. — Je voudrais consulter la Bouche

de Vérité... J'ai un a... as... ame, un ame qui m'étouffe.
(Il se plaint comme un homme qui souffre beaucoup.)

ARLEQUIN. — Votre âme vous étouffe ? Consolez-vous ;
dans peu vous en serez délivré.

L'ASTHMATIQUE. — Et non, monsieur ; c'est un asthme.

ARLEQUIN. — Ah ! je vous entends.

L'ASTHMATIQUE. — Je voudrais savoir si ma femme,
qui n'a que dix-huit ans, et qui se porte bien, mourra
avant moi.

ARLEQUIN. — Si elle veut mourir avant vous, il faudra qu'elle se dépêche.

L'ASTHMATIQUE. —Mais mon mal vient de mélancolie ;
ma femme m'avait promis de la joie.

ARLEQUIN. — Et quelle espèce de joie une femme peut-
elle donner à un asthmatique?

L'ASTHMATIQUE. — Elle chante, elle danse, elle joue de
la guitare ; mais, par malheur, elle en joue si bien,
qu'on ne peut l'entendre sans danser, et je ne saurais
danser sans étouffer.

SCÈNE XIV

(La femme de l'asthmatique entre avec une guitare, chante un air
gai, et danse.)

ARLEQUIN, L'ASTHMATIQUE, LA FEMME DE L'ASTHMATIQUE.

L'ASTHMATIQUE. — Ah ! monsieur, la voilà qui me
poursuit.

ARLEQUIN. — Je crois que c'est la femme d'Orphée ;
elle met tout en mouvement. Dites-moi, je vous prie,
madame, avez-vous le diable au corps de vouloir faire
danser un pauvre asthmatique?

LA FEMME. — J'ai mes raisons pour cela, monsieur.
Mon mari m'a donné, par contrat de mariage, mille
pistoles après sa mort ; depuis que nous sommes ma-
riés, il m'a promis mille autres pistoles si je le guéris-
sais de sa mélancolie asthmatique : j'ai affaire d'argent ; il faut aujourd'hui qu'il danse, ou qu'il crève.
Allons, danse. (Elle fredonne.) La, la, la.

ARLEQUIN. — Elle a raison. Pourquoi lui promettiez-vous mille pistoles? Il faut que vous la dansiez.

LA FEMME chante en s'accompagnant de sa guitare.

> Qu'un mari soit pulmonique,
> Léthargique, hydropique, asthmatique :
> Qu'il soit ce qu'il vous plaira,
> Tire, lire, lira, liron, fa, fa, fa,
> Tire, lire, lira, liron fa.
> Malgré sa résistance,
> Si sa femme veut qu'il danse,
> Il a beau faire, il dansera,
> Tire, lire, lira, etc.

(Pendant que l'on chante cet air, les Termes qui forment la décoration du fond du théâtre s'animent, dansent et s'en vont en chantant tire, lire, lira, etc.)

ACTE DEUXIÈME

SCÈNE I

LE DOCTEUR, COLOMBINE.

COLOMBINE. — Il me semble, monsieur, que vous devriez présentement être un peu moins ardent pour la noce.

LE DOCTEUR. — A te dire la vérité, ce que j'ai vu ne m'échauffe guère.

COLOMBINE. — Tout franc, vous n'êtes pas heureux dans vos consultations : et ce diable de bonnet a pris une vilaine figure sur votre tête.

LE DOCTEUR. — J'ai été aussi étonné que si les cornes me fussent venues.

COLOMBINE. — Ç'a été presque la même chose.

LE DOCTEUR. — Quoi! le front d'un docteur serait sujet à ces accidents-là?

COLOMBINE. — J'en vois tous les jours d'aussi savants que vous qui ne l'évitent pas.

LE DOCTEUR. — C'est un bétail bien trompeur que les filles!

COLOMBINE. — J'en tombe d'accord; mais aussi elles n'ont pas tout le tort. Voulez-vous qu'une fille aille s'enterrer toute vive avec un vieillard qui est le bureau d'adresse de toutes les fluxions et rhumatismes qui se distribuent par la ville?

LE DOCTEUR. — Je n'en suis pas encore là.

COLOMBINE. — Non, mais vous y serez bientôt; et c'est un bonheur qu'Angélique soit une égrillarde, pour vous empêcher de donner la dernière cérémonie à votre amour.

LE DOCTEUR. — Colombine, au moins... bouche cousue; ne va pas la décrier. Il y a un Bas-Normand qui me l'a demandée en mariage : si l'envie d'Angélique me passe, j'en ferai un ami.

COLOMBINE. — Songeons à vous faire voir Angélique dans son naturel; et vous en ferez après ce que vous voudrez.

LE DOCTEUR. — Allons, je te suis.

COLOMBINE, à part. — Voilà un vrai ours à mener par le nez.

SCÈNE II

UN MARQUIS, UN CHEVALIER,
UNE COQUETTE RIDICULE, UN MARCHAND
D'ÉTOFFES; CASCARET, laquais.

LE MARQUIS. — Non, chevalier, vous ne payerez pas; c'est à moi à mettre la main à la bourse.

LE CHEVALIER. — Je vous dis, marquis, que je payerai absolument; car je le veux...

LA COQUETTE. — Non, messieurs, s'il vous plaît; vous

ne payerez ni l'un ni l'autre, et je ne veux point que vous vous ruiniez en ma compagnie.

LE MARQUIS. — L'occasion de la foire autorise ce petit présent.

LA COQUETTE. — Non, vous dis-je, je ne veux point de votre étoffe. Cascaret, portez cela à mon tailleur, et dites-lui qu'il m'en fasse une innocente; et qu'il la garnisse jusqu'aux pieds de rubans couleur de feu rouge. (Le laquais emporte l'étoffe.)

SCÈNE III

LE MARQUIS, LE CHEVALIER, LA COQUETTE, LE MARCHAND.

LA COQUETTE. — Je ne prends jamais rien des hommes.

LE CHEVALIER. — Mais, madame, ce n'est qu'une bagatelle.

LE MARQUIS. — Vous ne sauriez, madame, refuser cette discrétion-là de ma part; et je vous ai d'ailleurs tant d'obligations...

LA COQUETTE. — Oh! oh! monsieur, vous vous moquez.

LE CHEVALIER. — Il faudrait que je fusse le dernier des coquins si, dans les occasions, je ne cherchais à donner à madame des marques de ma reconnaissance.

LA COQUETTE. — Monsieur le chevalier est généreux.

LE MARQUIS. — Si nous nous mettons sur les obligations, je crois que personne n'en doit avoir à madame de plus essentielles que moi : c'est elle qui me nourrit; et, depuis que je suis revenu de l'armée, je n'ai point d'autre auberge que sa maison.

LA COQUETTE. — L'auberge est mauvaise, monsieur le marquis; mais l'hôtesse est bien votre petite servante.

LE CHEVALIER. — Je n'oublierai jamais le contrat de rente que madame vient de vendre pour remonter ma compagnie et la fournir de buffles et de cocardes.

LA COQUETTE. — Ah! fi donc, chevalier!

LE MARQUIS. — Les présents pour moi ne sont pas ce qui me touche le plus. Madame m'a fait l'honneur de passer huit jours chez moi à ma maison de campagne, où assurément je n'ai pas eu lieu de me plaindre de ma mauvaise fortune.

LA COQUETTE. — Monsieur le marquis est toujours obligeant.

LE CHEVALIER. — Les faveurs de campagne sont des coups de hasard; mais un tête-à-tête...

LA COQUETTE. — Taisez-vous donc, petit indiscret; je ne hais rien tant que les babillards.

LE MARQUIS. — Tu diras, chevalier, tout ce qu'il te plaira; mais je payerai assurément.

LE CHEVALIER. — Tu le prendras, marquis, comme tu voudras; mais absolument je donnerai de l'argent.

LE MARCHAND. — Entre vous le débat; il n'importe qui paye, pourvu que je sois payé.

LE MARQUIS. — C'est fort bien dit.

LE CHEVALIER. — Tu as raison, mon ami.

LE MARQUIS, fouillant dans ses poches. — Et une marque certaine que je veux payer... Chevalier, prête-moi dix louis.

LE CHEVALIER, fouillant dans ses poches. — Dix louis! Je te les prêterais volontiers, si je les avais; mais je veux être déshonoré si j'ai un sou.

LE MARQUIS. — Ni moi, ou le diable m'emporte.

LA COQUETTE. — Je le savais bien, moi, que vous ne payeriez ni l'un ni l'autre.

LE MARCHAND. — Ce n'était pas la peine de tant disputer à qui payerait.

LA COQUETTE. — Il faut dire la vérité; les gens de cour font les choses d'une manière bien plus noble que les autres.

LE CHEVALIER, au marchand. — Mon ami, que cela ne t'embarrasse point; je vais chez moi chercher de l'argent, et dans un moment je suis ici. (Il sort.)

SCÈNE IV

LE MARQUIS, LA COQUETTE, LE MARCHAND.

LE MARQUIS, au chevalier. — Non, parbleu! chevalier, tu

ne payeras pas, ou j'aurai une affaire avec toi. Le banquier de notre régiment demeure à deux pas d'ici, et j'y cours. (Il sort précipitamment.)

SCÈNE V

LA COQUETTE, LE MARCHAND.

LA COQUETTE, faisant une grande révérence. — Monsieur, je suis votre très-humble servante; je vous donne le bonjour. (Elle veut s'en aller.)

LE MARCHAND, la retenant. —Doucement, s'il vous plaît, madame; vous avez mon étoffe, et vous ne sortirez pas que vous ne m'ayez payé.

LA COQUETTE. — Quel incivil! mais je crois que ce brutal-là veut me faire violence.

LE MARCHAND. — Non, madame, mais je veux que vous me donniez de l'argent.

LA COQUETTE. — De l'argent? Quelle grossièreté! demander de l'argent à une femme de qualité? Fi! je n'ai pas un sou, ou la peste m'étouffe!

LE MARCHAND. — Laissez-moi donc des gages!

LA COQUETTE. — Des gages! des gages! Une femme comme moi laisser des gages? Tenez, mon ami, voilà mon collier. (Elle lui donne son collier.)

LE MARCHAND. — Votre collier, madame? Je n'en veux point; il n'est que de verre.

LA COQUETTE. — Il n'est que de verre! il est... il est comme les femmes de qualité les portent. Voyez un peu l'impertinent!

LE MARCHAND. — Point tant de raisonnements, madame; il faut me contenter. (Il prend l'écharpe, le manteau, la jupe et le manchon de la coquette, qui demeure en corset et en jupon de Marseille.)

SCÈNE VI

LA COQUETTE, seule. — En vérité, la galanterie d'aujourd'hui est bien gueuse. Hé! laquais, prenez ma queue-

SCÈNE VII

NIGAUDINET, COLOMBINE; FANTASSIN,
valet de Nigaudinet.

(Un filou vient doucement auprès de Nigaudinet, lui ôte son épée et s'en va.)

COLOMBINE. — C'est donc vous, monsieur, qui êtes monsieur Nigaudinet de Pont-l'Evêque?

NIGAUDINET. — Oui, m'amie.

COLOMBINE. — Et qui cherchez mademoiselle Angélique à la foire?

NIGAUDINET. — Assurément.

COLOMBINE. — Si vous voulez venir dans ma loge, je vous la ferai voir.

NIGAUDINET. — Dans votre loge! (Apart.) Voilà quelque flibertinage qui veut me mettre à mal. (Haut.) Je vous remercie, mademoiselle; je n'aime point à être seul avec les filles.

COLOMBINE. — Venez, monsieur Nigaudinet : quoique vous soyez beau, jeune et bien fait, je vous assure que je ne suis point du tout tentée de votre personne.

NIGAUDINET. — Ah! que je ne suis pas si niais! Il faut un rien pour débaucher un garçon.

COLOMBINE. — Au diantre soit le benêt. Puisque vous ne voulez pas venir, je vais dire à mademoiselle Angélique que vous êtes ici. Votre servante, monsieur de Pont-l'Evêque.

SCÈNE VIII

NIGAUDINET, FANTASSIN.

NIGAUDINET. — On m'avait bien dit de prendre garde à moi quand je viendrais à Paris. Comme les femmes de ce pays-ci aiment les gens de notre province! Mais elles n'ont qu'à venir, comme diable je les galvaudrai! Fantassin?

FANTASSIN. — Mon maître?

NIGAUDINET. — Petit garçon, ne laissez approcher ni fille, ni femme auprès de moi.

FANTASSIN. — S'il en vient quelqu'une, je lui dirai que vous êtes retenu, et que mademoiselle Angélique n'attend plus qu'après vous.

NIGAUDINET, se fouillant. — Je crois, Dieu pardonne, qu'ils m'ont pris mon épée. N'as-tu vu personne rôder à l'entour de moi?

FANTASSIN. — Oui-dà, monsieur; j'ai vu un grand homme, habillé de rouge, qui a pris le couteau avec la gaîne : j'attendais qu'il la remît ; il n'est point revenu la remettre.

NIGAUDINET. — Comment, petit fripon! d'où vient que tu ne m'as pas averti?

FANTASSIN. — Il me faisait signe de n'en rien dire, et tirait cela si drôlement, que j'étais ravi de le voir faire.

NIGAUDINET. — Je vous rabattrai cela sur vos appointements.

FANTASSIN. — Je croyais que cela était de la foire, et je l'ai déjà vu faire à trois ou quatre personnes qui n'en ont rien dit.

NIGAUDINET. — Le petit sot!

FANTASSIN. — Dame? monsieur, je ne suis pas obligé de savoir cela, et tout le monde ne peut pas avoir autant d'esprit que vous.

NIGAUDINET. — Oh bien! va chercher cet homme dans la foire, et dis-lui qu'il me rapporte mon épée; car j'en ai affaire.

SCÈNE IX

NIGAUDINET, ARLEQUIN.

ARLEQUIN, à part. — Voilà notre nouveau débarqué; il faut que je l'accoste. (Haut.) Serviteur, monsieur.

NIGAUDINET. — Voilà un homme qui a mauvaise façon (Il regarde derrière lui.) Fantassin! (Il recule et tremble.)

ARLEQUIN. — Voilà, ma foi, le premier homme à qui j'ai fait peur.

NIGAUDINET. — N'est-ce point vous, monsieur, qui avez pris mon épée?

ARLEQUIN. — Comment donc, monsieur, pour qui me prenez-vous? Par la vertubleu, j'ai envie de vous couper les oreilles.

NIGAUDINET. — Couper les oreilles! Prenez garde à ce que vous ferez. Je me fais homme d'épée, une fois; et je viens à Paris pour acheter une charge dans l'armée. Ne savez-vous pas quelque régiment de hasard à vendre?

ARLEQUIN, à part. — Voilà un homme bien tourné pour acheter un régiment. (Haut.) Qu'entendez-vous, s'il vous plaît, par un régiment de hasard?

NIGAUDINET. — Mais c'est un vieux régiment qui aurait déjà servi, et que je pourrais avoir à meilleur marché qu'un autre.

ARLEQUIN. — Il faudra voir à la friperie. Et quel nom portera votre régiment?

NIGAUDINET. — Oh! le mien.

ARLEQUIN. — Et comment vous appelez-vous?

NIGAUDINET. — Christophe Nigaudinet, à votre service.

ARLEQUIN. — Diable! voilà un nom bien martial. Si tous les nigauds de Paris prennent parti dans votre régiment, il sera bientôt complet.

NIGAUDINET. — Oh! je l'espère.

ARLEQUIN. — Quand vous voudrez faire vos recrues, vous n'aurez qu'à faire battre la caisse aux Tuileries pendant l'été.

NIGAUDINET. — Pourquoi donc battre la caisse aux Tuileries?

ARLEQUIN. — C'est que, pendant la canicule, c'est là le rendez-vous de la plus fine valeur. Vous voyez, d'un côté, sur le déclin du jour, un petit maître d'été se promener fièrement sur le champ de bataille de la grande allée, affronter le serein, et se couvrir d'une noble poussière; de l'autre, vous apercevez un grand oisif insultant aux marronniers, passant en revue les coquettes de la ville, et brûlant d'ardeur d'en venir aux mains avec quelque nymphe accostable qu'il aura détournée dans les bosquets.

NIGAUDINET. — Voilà des soldats comme je les veux. Mais, avant d'enrôler ce régiment-là, je serais bien aise d'enrôler une fille en mariage.

ARLEQUIN. — Prenez garde qu'elle ne vous enrôle aussi à votre tour.

NIGAUDINET. — Oh! oh! je ne crains rien; elle est sage : c'est une belle fille, oui. On la nomme Angélique. On m'a dit qu'elle était à la foire, et je voudrais bien la voir.

ARLEQUIN, à part. — Je ne crois pas que ce bonheur-là t'arrive. (Haut.) Quoi! monsieur! celle que vous cherchez ici, et que vous devez épouser, s'appelle Angélique, nièce du docteur?

NIGAUDINET. — Oui, monsieur. Est-ce que vous la connaissez?

ARLEQUIN. — Oh! monsieur, permettez que je vous embrasse. C'est la meilleure de mes amies; elle m'a parlé de vous plus de cent fois; elle vous attend avec impatience; elle est ici à quatre pas; je vais lui dire que vous la cherchez. Serviteur, monsieur Christophe Nigaudinet, de Pont-l'Evêque.

(Arlequin, en sortant, fait signe à un filou qui parait au fond du théâtre ; ils se parlent à l'oreille et ils sortent.)

SCÈNE X

NIGAUDINET, seul. — D'abord je croyais que cet homme était un voleur; mais je commence à m'apercevoir que c'est un honnête homme.

SCÈNE XI

NIGAUDINET, UN FILOU.

NIGAUDINET. — Mais que cherche celui-ci?

LE FILOU, enveloppé d'un manteau rouge, compte de l'argent.
— Cinq et quatre font neuf, et vingt sont vingt-neuf;
deux tabatières, qui en valent encore dix, sont trente-
neuf; une montre de vingt-cinq; le tout fait à peu près
soixante et quatre ou cinq pistoles : cela n'est pas
mauvais à prendre.

NIGAUDINET, qui a écouté tout cela. — Qu'est-ce, monsieur? Pourrait-on savoir quel compte vous faites là!

LE FILOU. — Eh! ce n'est rien, ce sont soixante-dix
pistoles que j'ai gagnées au jeu chez Lafrenaye le
curieux.

NIGAUDINET. — Diable! soixante-dix pistoles! c'est un
fort bon gain.

LE FILOU. — Bon! si je voulais, j'en gagnerais dix
mille; mais j'ai de la conscience; je me passe à peu.

NIGAUDINET. — Comment donc, monsieur, vous avez
de la conscience! Est-ce qu'il y a de la conscience à
jouer?

LE FILOU. — Et oui, monsieur, quand on est sûr de
gagner.

NIGAUDINET. — Vous êtes donc sûr de toujours gagner!
Et comment cela?

LE FILOU, mystérieusement. — C'est que je vous dirai en
confidence que je suis un filou. Je joue aux dés; j'ai
toujours des dés pipés sur moi, et je fais râfle de six
quand je veux.

NIGAUDINET. — Voilà un merveilleux talent! que vous
êtes heureux! Vous faites râfle quand vous voulez?

SCÈNE XII

NIGAUDINET, LE FILOU, ARLEQUIN, en filou,
un manteau rouge sur le nez.

ARLEQUIN, à part. — Je m'en vais renvoyer monsieur
de Pont-l'Évêque d'une étrange manière. (Haut, à l'autre
filou.) Ah! mons de la Trichardière, soyez le bien trouvé.
Il y a longtemps que je vous cherche : vous m'avez
filouté mon argent au jeu; voilà cent pistoles que j'ai

été prendre chez moi : allons, ma revanche, ou il faut nous couper la gorge ensemble.

LE FILOU. — Parbleu! mons de la Filoutière, vous le prenez sur un ton bien haut! Par la mort! (Il met la main sur son épée.)

NIGAUDINET, se mettant entre eux. — Eh! messieurs, point de bruit. (A Arlequin.) Comment, monsieur, il vous a donc gagné beaucoup d'argent aux dés?

ARLEQUIN. — C'est un filou, monsieur, il ne m'a pas gagné, il m'a filouté : je prétends qu'il me rende mon argent, ou qu'il rejoue encore avec moi.

NIGAUDINET. — Et combien avez-vous à perdre?

ARLEQUIN. — J'ai encore cent pistoles que voilà. (Il montre une bourse.)

NIGAUDINET. — Attendez, je m'en vais lui parler et tâcher de vous faire donner satisfaction. (Au filou.) Allons, monsieur, il y a encore cent pistoles, il faut les lui gagner.

LE FILOU. — Je ne le ferai pas, monsieur ; j'ai de la conscience.

NIGAUDINET. — Eh! morbleu! jouez pour moi : je n'ai point de conscience, moi : je suis Normand.

LE FILOU. — Le voulez-vous?

NIGAUDINET. — Je vous en conjure, et surtout les dés pipés, et toujours râfle.

LE FILOU. — Laissez-moi faire. (A Arlequin.) Oh! çà, mons de la Filoutière, puisque vous avez tant envie de jouer, faites donc apporter une table.

ARLEQUIN. — Allons vite, qu'on apporte une table, un cornet et des dés.

NIGAUDINET. — Allons, vite, vite. (A Arlequin.) Sans moi, monsieur, il n'aurait jamais joué.

ARLEQUIN. — Je vous suis obligé, monsieur, car j'étais résolu de lui faire tirer l'épée, et vous m'épargnez une affaire. (On apporte une table, un cornet et des dés. Le filou s'assied à l'un des bouts de la table, Arlequin à l'autre ; Nigaudinet se tient debout au milieu.)

ARLEQUIN prend le cornet et remue les dés. — Allons, monsieur, massez.

LE FILOU prend la bourse de Nigaudinet, et en tire vingt louis — Masse à vingt louis d'or.

ARLEQUIN. — Tope. (Il jette les dés.) J'ai gagné.

LE FILOU en prend autant. — Masse à la poste.

ARLEQUIN. — Tope. J'ai gagné.

NIGAUDINET, à demi-chagrin, bas au filou. — Mais, monsieur, vous n'y songez pas.

LE FILOU. — Laissez-moi faire, c'est pour la lui donner belle. (A Arlequin.) Masse au reste de la bourse.

ARLEQUIN. — Tope. J'ai gagné.

NIGAUDINET, d'un ton pleureur. — Vos dés pipés ne pipent point. Où sont donc les râfles?

LE FILOU. — Ne vous fâchez point; je vais prendre le dé; vous allez voir. N'avez-vous point d'autre argent?

NIGAUDINET, se fouillant. — J'ai encore trois louis d'or que voilà.

ARLEQUIN se lève comme pour s'en aller. — Serviteur, messieurs : puisque vous n'avez plus d'argent...

NIGAUDINET, l'arrêtant. — Doucement, monsieur, voilà encore trois louis.

ARLEQUIN. — Belle gueuserie, vraiment! Mais, tenez, je suis beau joueur; masse aux trois louis.

LE FILOU, prenant les dés. — Tope. (Il jette les dés.) Râfle de six : j'ai gagné.

NIGAUDINET, riant et sautant. — Râfle de six! Nous avons gagné; ah! ah! ah! (Au filou.) Les dés pipés, n'est-ce pas?

LE FILOU. — Oui, vous allez voir beau jeu.

NIGAUDINET, à Arlequin. — Allons, monsieur, jouez gros jeu, s'il vous plaît, à cette heure qu'il y a des dés pipés.

ARLEQUIN. — Masse à six louis.

LE FILOU. — Tope. J'ai gagné.

NIGAUDINET, éclatant de rire. Râfle de six, et toujours râfle de six. (Il embrasse le filou.) — Le brave homme !

ARLEQUIN. — Masse à douze louis.

LE FILOU. — Tope.

ARLEQUIN. — J'ai gagné. Serviteur, messieurs.

NIGAUDINET, l'arrêtant. — Attendez, monsieur, attendez. (Au filou, en pleurant.) Mais, monsieur, qu'est-ce que cela veut donc dire? Est-ce que vos dés pipés se moquent! Ils ne râflent que les petits morceaux.

LE FILOU. — Il faut bien qu'il gagne quelquefois, pour l'amorcer seulement. Il n'est pas encore dehors; voyez si vous avez quelque chose sur vous.

NIGAUDINET. — Voilà une montre de douze louis, et un diamant de cinquante. (A Arlequin.) Allons, monsieur, à mon diamant et à ma montre, cela vaut bien soixante louis d'or.

ARLEQUIN. — Je ne joue jamais de nippes; mais, à cause que c'est vous, je le veux bien. Masse à soixante louis d'or.

LE FILOU. — Tope.

ARLEQUIN. — J'ai gagné. (Il prend la montre et la bague, et veut s'en aller.)

NIGAUDINET, l'arrêtant. — Mais, monsieur, écoutez : j'ai...

ARLEQUIN. — Je n'écoute rien. Le jeu est libre : je ne veux plus jouer. Serviteur.

SCÈNE XIII

NIGAUDINET, LE FILOU.

NIGAUDINET, pleurant de toute sa force. — Vous m'avez ruiné, monsieur, avec vos dés pipés. Je n'ai plus ni argent, ni montre, ni bague. Comment voulez-vous donc que je fasse? (Pendant cette tirade, le filou s'esquive.)

SCÈNE XIV

NIGAUDINET, seul. — Au voleur! au voleur! (Il aperçoit le manteau que le filou a laissé sur sa chaise, et le prend.) Ils m'ont volé mon argent, ma montre et ma bague; mais je ne leur rendrai pas leur manteau. Le diable emporte la foire, les filous et la ville! Je m'en vais dans mon pays : de ma vie je ne reviendrai à Paris.

SCÈNE XV

(Arlequin revient en riant, et regarde de loin Nigaudinet.)

ARLEQUIN, seul. — Laissez-le passer, laissez-le passer. C'est M. Christophe Nigaudinet, de Pont-l'Évêque, qui s'en retourne. Ah! ah! ah! quel animal! quel animal!

Pour un homme d'esprit, pour un adroit filou,
Disons la vérité. Paris est un Pérou.
Mais, de tous les métiers qu'on exerce à la ville,
Un intrigant d'amour est bien le plus utile.
Voici mon argument : il est certains métiers,
Perruquiers, fourbisseurs, armuriers, chapeliers,
Qui seulement à l'homme offrent leur ministère;
Les autres seulement à la femme ont affaire.
Mais dans ce beau métier, dans cet emploi si doux,
Vous tirez des deux mains; vous êtes propre à tous.
S'il est vrai, comme on dit, que la moitié du monde
Pourchasse l'autre part en la machine ronde,
Si tous ceux que l'on voit exercer cet emploi
Étaient, par un arrêt, habillés comme moi,
On verrait dès demain, dans ce pays fertile,
Grand nombre d'Arlequins embarrasser la ville.

SCÈNE XVI

ARLEQUIN, UN VALET DE THÉATRE.

LE VALET. — Monsieur, l'heure se passe; les trois théâtres sont pleins. Voulez-vous qu'on commence?

ARLEQUIN. — Si la salle est pleine, commencez. Je vais me préparer pour jouer mon rôle.

SCÈNE XVII

(On ouvre la ferme; le fond du théâtre représente un bois agréable
Le Docteur et autres spectateurs se placent sur le devant.

LE VALET DE THÉATRE, LE DOCTEUR.

LE DOCTEUR. — Qu'allons-nous voir, monsieur?
LE VALET. — Vous allez voir d'abord la parodie
d'Acis et Galatée; ensuite Lucrèce, tragédie. Mais
faites silence, on va commencer.
(Le théâtre change; on voit la mer avec des rochers.)

PARODIE

D'ACIS ET GALATÉE

PERSONNAGES

POLYPHÈNE. *Arlequin.* — GALATÉE. *Mezzetin.* —
AOIS. *Scaramouche.*

SCÈNE I

GALATÉE, seule.

Qu'une fille, à Paris, a peine à se défendre
De la poursuite des galants!
La plus fière en ces lieux, en proie à mille amants,
Perd sa coiffe et ses gants dès l'âge le plus tendre.
Mais, quoiqu'ils soient perdus, veut-elle les revendre,
Elle y trouve encor des marchands.
Qu'une fille, à Paris, a peine à se défendre
De la poursuite des galants!

SCÈNE II

(Polyphème arrive, suivi de chaudronniers qui tiennent des
poêles, des enclumes et des marteaux.)

POLYPHÈME, GALATÉE.

POLYPHÈME.

Quand veux-tu donc, ma tigresse,
Réciproquer mon amour?

(Les chaudronniers l'accompagnent en frappant sur leurs enclumes.)

Je sens où le bât me blesse;
Mon âme est percée à jour.

(Les chaudronniers, etc.)

Défais-toi de ta sagesse;
Car c'est un harnais trop lourd.

(Les chaudronniers, etc.)

Je suis discret, ma princesse,
Comme le bruit d'un tambour.

(Les chaudronniers, etc.)

SCÈNE III

POLYPHÈME, GALATÉE, ACIS.

ACIS.

Princesse, me voilà, mais je ne puis rien dire.

GALATÉE.

Allez, éloignez-vous, faut-il vous le redire?

(Elle se plonge dans la mer.)

SCÈNE IV

POLYPHÈME, ACIS.

ACIS.

Vous me fuyez, par où l'ai-je donc mérité?

POLYPHÈME.

Traître! reçois le prix de ta témérité.

(Il lui jette un rocher en forme de tonneau, qui le couvre entière-
ment, à la réserve de la tête, qui lui sort par la bonde.)

ACIS.

Déesse, c'en est fait; je vous perds et j'expire.

POLYPHÈME.

Il est mort, l'insolent; cette tonne le cache :
Je suis content de l'avoir fait crever.
Le drôle ici croyait me l'enlever
Jusque dessous la moustache.

(Le théâtre change et représente un palais magnifique.)

LUCRÈCE

TRAGÉDIE

PERSONNAGES.

TARQUIN, *Arlequin.* — LUCRÈCE, *Colombine.*
L'ÉCUYÈRE DE TARQUIN, *Mezzetin.*

SCÈNE I

LUCRÈCE, seule, à sa toilette.

Quel bruit injurieux ose attaquer ma gloire !
Quel horrible attentat ! Ô ciel ! puis-je le croire ?
Quoi ! Tarquin, méprisant les dieux et leurs autels,
Nourrirait dans son sein des désirs criminels !
Dieux ! pourquoi m'accorder les traits d'un beau visage,
A moi qui ne veux point en faire aucun usage ?
A moi qui ne veux point d'un souris, d'un regard,
Enchaîner chaque jour quelque amant à mon char ?
A moi qui ne suis point de ces femmes coquettes
Qui tirent intérêt de leurs faveurs secrètes ;
Et, mettant à profit les charmes de leurs yeux,
Trafiquent un présent qu'elles doivent aux dieux ?
Mais pourquoi faire au ciel une injuste querelle ?

Des amours de Tarquin suis-je pas criminelle?
C'est moi qui, ce matin, par des soins imprudents,
Ai voulu me parer de ces ajustements;
C'est moi qui par ces nœuds, dont l'appareil m'offense,
De mes cheveux épars ai dompté la licence.
Dangereux ornements, pernicieux attraits,
Cherchez une autre main, quittez-moi pour jamais;
Périsse un ornement à ma vertu contraire.

(Elle veut ôter sa coiffure.)

SCÈNE II

LUCRÈCE, L'ÉCUYER DE TARQUIN.

LUCRÈCE.

Mais quel mortel ici porte un pas téméraire?

L'ÉCUYER.

Princesse, pardonnez, si, d'un pas indiscret,
Je m'offre devant vous crotté comme un barbet;
Excusez, si forcé du zèle qui me presse...
Madame, par hasard, seriez-vous point Lucrèce?

LUCRÈCE.

Oui, seigneur, je la suis.

L'ÉCUYER.

L'empereur des Romains
Me dépêche vers vous pour vous remettre ès mains
Des signes assurés de l'amour qui le perce;
Un poulet des plus grands, escorté d'un sesterce.
Un sesterce, en français, fait mille écus et plus.
Ma princesse, il est bon de peser là-dessus.

(Il lui présente un grand papier.)

LUCRÈCE.

A moi, seigneur?

L'ÉCUYER.

A vous.

LUCRÈCE.

O dieux!

L'ÉCUYER.

Savez-vous lire?

Lisez.

LUCRÈCE.
D'étonnement je ne saurais rien dire.
L'ÉCUYER.
Ne vous y trompez pas; il est signé *Tarquin*,
Scellé de son grand sceau; et plus bas, *Mezzetin*.
LUCRÈCE lit.
Il n'est rien que l'amour ici ne vous soumette;
Vous remuez les cœurs par des ressorts secrets.
En argent bien comptant je conte la fleurette,
   Et je ne prends point garde aux frais;
   Car mon cœur, navré de vos traits,
   A pris feu comme une allumette.
Le style en est pressant.
L'ÉCUYER.
        Et surtout laconique;
Mais mieux que le papier cette bourse s'explique.
(Il lui présente une bourse que Lucrèce prend.)
LUCRÈCE.
Que dites-vous, seigneur? L'ai-je bien entendu?
Connaît-il bien Lucrèce?
L'ÉCUYER.
        Oui, que je sois pendu
Haut et court par mon col, il vous connaît, madame.
Jugez en ce moment de l'excès de sa flamme,
D'acheter des faveurs trois cents louis comptants,
Qu'il pourrait obtenir ailleurs pour quinze francs.
LUCRÈCE.
N'était tout le respect que j'ai pour votre maître,
Vous pourriez bien, seigneur, sortir par la fenêtre.
L'ÉCUYER.
Moi, madame?
LUCRÈCE.
        Oui, seigneur: car enfin, pour le roi,
Vous vous chargez ici d'un fort vilain emploi.
L'ÉCUYER.
C'est l'emploi le plus sûr pour brusquer la fortune.
LUCRÈCE.
Seigneur, votre présence en ces lieux m'importune:
Allez, retirez-vous.

L'ÉCUYER.

Voici Tarquin qui vient ;
Faites votre devoir, je vais faire le mien.
Souvenez-vous toujours, beauté trop dessalée,
Quand on reçoit l'argent, que l'on est enrôlée.

SCÈNE III

LUCRÈCE, TARQUIN ; GARDES, qui se retirent
pendant le cours de la scène.

TARQUIN.

Avant que de venir vous découvrir mon cœur,
J'ai fait sonder le gué par mon ambassadeur ;
Mon garde du trésor l'a fait partir en poste :
Aussi, sans un moment douter de la riposte,
Et poussé des transports d'un feu séditieux,
Je me suis transporté moi-même sur les lieux.
Mon amour, à la fin, a rompu sa gourmette,
Et mon valet de chambre apporte ma toilette.

LUCRÈCE.

Seigneur, que ce discours pour Lucrèce est nouveau !
Moi que l'on vit dans Rome, au sortir du berceau,
Être un exemple à tous d'honneur et de sagesse !

TARQUIN.

On peut bien en sa vie avoir une faiblesse ;
Le soleil quelquefois s'éclipse dans les cieux,
Et n'en est pas moins pur revenant à nos yeux.
Plus d'une femme ici, dont la vertu, je gage,
A souffert mainte éclipse, y passe encor pour sage ;
Toute l'adresse gît à bien cacher son jeu :
Vous pouvez avec moi vous éclipser un peu.

LUCRÈCE.

Quoi donc ! oubliez-vous, seigneur, quelle est Lucrèce ?

TARQUIN.

Oui, je veux l'oublier ; car enfin, ma princesse,
Quand on peut regarder ce corsage joli,
Ce minois si bien peint, ce cuir frais et poli,

Cette bouche, ces dents, cette vive prunelle,
Qui, comme un gros rubis, charme, brille, étincelle;
Surtout ces petits monts, faits d'un certain *métail*,
Tenus sur l'estomac par deux clous de corail;
Que l'on a vu ce nez... Ah! divine princesse,
On oublie aisément que vous êtes Lucrèce,
Pour se ressouvenir qu'en ce pressant destin
Toute femme est Lucrèce, et tout homme est Tarquin.
(Il veut lui baiser la main.)

LUCRÈCE.

Quelle entreprise! ô ciel! quelle ardeur téméraire!
Seigneur, que faites-vous?

TARQUIN.

Rien qu'on ne puisse faire.
D'un amour clandestin mon foie est rissolé;
Jusques aux intestins je me sens grésillé.
Ah! madame, souffrez que mon amour vous touche.
Que d'appas, que d'attraits! l'eau m'en vient à la bouche.

LUCRÈCE.

On pourrait, par bonté, d'un amour mutuel...
Mais, seigneur, vous allez d'abord au criminel.

TARQUIN.

Madame, j'aime en roi, cela veut dire en maître;
Ma tendresse est avide et veut de quoi repaître:
Un regard, un soupir affriole un amant;
Mais c'est viande trop creuse à mon amour gourmand.

LUCRÈCE.

Seigneur, à quel excès vous porterez mon âme.

TARQUIN.

Madame, à quelque excès vous pousserez ma flamme.
Assez, et trop longtemps, vous attisez mon feu;
J'ai trop fait pour tirer mon épingle du jeu.

LUCRÈCE.

Avant qu'à tes desseins mon cœur se détermine,
Ce fer de mille coups m'ouvrira la poitrine.

TARQUIN.

Il n'est pas temps encor d'accomplir ce désir:
Vous vous poignarderez après, tout à loisir.

LUCRÈCE.

Quoi! seigneur! ma vertu, cette fleur immortelle...

TARQUIN.

Avec votre vertu, vous nous la baillez belle!
Holà! gardes à moi.

SCÈNE IV

TARQUIN, LUCRÈCE, L'ÉCUYER, GARDES.

L'ÉCUYER.

Que voulez-vous, seigneur?

LUCRÈCE.

Puisque rien ne saurait arrêter ta fureur,
Approche et vois en moi l'action la plus rare
Dont jamais l'univers ouït parler. Barbare!
Contre tes noirs desseins en vain j'ai combattu,
Eh bien! connais Lucrèce et toute sa vertu.

(Elle se poignarde, et on l'emporte.)

SCÈNE V

TARQUIN, SON ÉCUYER.

TARQUIN.

Que vois-je? Juste ciel!

L'ÉCUYER.

Bon! ce n'est que pour rire.

TARQUIN.

Non, la peste m'étouffe : elle tombe, elle expire;
Et c'est moi, dieux cruels, qui suis son assassin!
C'est moi qui lui plongeai ce poignard dans le sein!
Que la terre irritée, après tant d'injustices,
S'ouvre pour m'engloutir dans ses creux précipices!
Que la foudre du ciel sur moi tombe en éclats!
Mais, quoi! pour me punir n'ai-je donc pas un bras?

(Il prend le poignard dont Lucrèce s'est percée.)

Que ce poignard, encor tout fumant de sagesse,
Immole, en même temps, et Tarquin et Lucrèce.

Frappons ce lâche cœur. Qui me retient la main ?
Perçons... Non, remettons cette affaire à demain.
Je sens mollir mon bras ; je sens couler mes larmes,
Et ma main, de faiblesse, abandonne les armes :
Je deviens tout perplex. Viens-t'en me soutenir.

(Il s'appuie sur son écuyer.)

O temps! ô siècle! ô mœurs! que dira l'avenir?
D'un chimérique honneur le sexe s'infatue!
Plutôt que forligner, une femme se tue!
Ah! Lucrèce, m'amour! vous donnez aujourd'hui
Un exemple étonnant, qui sera peu suivi.

L'ÉCUYER.

Pleurez, seigneur, pleurez l'excès de vos fredaines.

TARQUIN.

Ah! toi qui sais pleurer, épargne-m'en les peines.

L'ÉCUYER.

Chantez du moins un air sur son triste tombeau.

TARQUIN.

C'est bien plutôt à toi d'enfler le chalumeau...

(Il chante.)

Car je t'ai pris pour mon valet,
A cause de ton flageolet.

ACTE TROISIÈME

SCÈNE I. — OCTAVE, ARLEQUIN, PIERROT.

ARLEQUIN, à Pierrot. — Otez-vous de là, vous dis-je,
j'ai commencé l'affaire, et je prétends la finir.

OCTAVE. — Mais laisse-le parler. Voyons.

ARLEQUIN. — Oh! je le veux bien ; qu'il parle : je ne
dis plus rien, moi. Une bête, parler! morbleu ; cela me
désole.

PIERROT. — Oui, parler, parler, et mieux que toi.

OCTAVE, à Arlequin. — Que sait-on? écoutons-le. L'envie
qu'il a de parler vient peut-être...

ARLEQUIN. — Oh! l'envie qu'il a de parler ne me surprend pas; mais je suis surpris que vous vouliez l'écouter.

OCTAVE. — Oh çà! mon pauvre Pierrot, parle donc, et laisse dire Arlequin. Comment ferons-nous pour avoir le consentement du docteur pour mon mariage avec Angélique? Tu sais que nous en avons besoin.

PIERROT. — Tenez, monsieur, je sais une manière sûre...

ARLEQUIN. — Pour aller aux Petites-Maisons.

PIERROT. — Une manière sûre pour avoir ce consentement-là. Tenez; mais c'est que cela part de là. (il se touche le front.) Il faut tâcher de rendre le docteur muet.

ARLEQUIN. — Il vaudrait mieux te rendre muet toi-même, tu ne dirais pas tant de sottises.

OCTAVE. — Patience, Arlequin; laisse-le parler. (A Pierrot.) Et pourquoi rendre le docteur muet? Je ne te comprends pas.

PIERROT. — Pourquoi? Voici comment j'argumente: Qui est muet ne dit mot; qui ne dit mot, consent. *Ergo*, en rendant le docteur muet, nous aurons son consentement. Hem!

ARLEQUIN, riant. — Voilà un argument *in balordo*.

OCTAVE. Hé! va-t'en au diable avec ton argument. (A Arlequin.) Mon pauvre Arlequin, je suis perdu sans toi.

ARLEQUIN. — Moi, monsieur, je me donnerai bien de garde de vous rien dire. Pierrot a envie de parler: écoutez-le; que sait-on?...

OCTAVE. — J'ai tort de l'avoir écouté; mais que veux-tu? Le désir de sortir de l'embarras où je suis m'a fait tomber dans l'erreur. Je conviens que tu as plus d'esprit que lui, et que tu es le seul qui peux me tirer de peine. Mon cher Arlequin, de grâce...

ARLEQUIN. — Si je parle, ce n'est point pour l'amour de vous; c'est pour confondre ce bélître-là, qui se croit un docteur, et veut parler argument. (A Pierrot.) Va-t'en argumenter dans l'écurie, mon ami, va. (A Octave.) Écoutez, monsieur, voici comme l'on argumente quand on veut prouver quelque chose.

OCTAVE. — Que tu me fais plaisir!

ARLEQUIN. — Pour avoir Angélique, il faut que vous

alliez vous-même la demander au docteur. D'abord vous l'aborderez d'un air grave et soumis.

OCTAVE. — D'un air grave et soumis.

ARLEQUIN. — Oui, pour marquer, par la gravité, que vous êtes de qualité; et, par la soumission, que vous venez pour le prier. (Il fait un lazzi pour exprimer la gravité et la soumission en même temps.) Et puis, dans cette attitude, vous direz au docteur : Je viens vous supplier de m'accorder mademoiselle Angélique en mariage.

OCTAVE. — Et lui, qui ne veut point consentir à cela, me répondra d'abord : Non, vous ne l'aurez pas.

ARLEQUIN. — Tant mieux : je serais bien fâché qu'il dît oui. Aussitôt vous répliquerez sans changer de posture : Hé! de grâce, monsieur le docteur, accordez Angélique en mariage au pauvre Octave.

OCTAVE. — Mais il dira encore : Non, je ne veux pas vous la donner.

ARLEQUIN. — Voilà où je l'attends. Dès qu'il aura dit encore une fois non, vous le remercierez, et vous irez épouser Angélique.

OCTAVE. — Tu te moques de moi. Quand le docteur aura dit deux fois non, je serai aussi avancé que je l'étais avant de lui parler.

ARLEQUIN. — Que vous avez l'intelligence épaisse! Ma foi, je ne m'étonne pas si vous aimez Pierrot. Est-ce que vous ne savez pas qu'en bonne école deux négations valent une affirmation? *Ergò*, quand le docteur aura dit deux fois non, cela voudra dire une fois oui; et par conséquent vous aurez son consentement.

OCTAVE. — Ton argument est aussi impertinent que celui de Pierrot, et...

ARLEQUIN. — Ne voyez-vous pas, monsieur, que ce que je vous en dis n'est que pour rire et pour contrecarrer Pierrot? Mais le moyen d'avoir le consentement du docteur est sûr. Allez vous préparer pour votre déguisement en sauvage. Trouvez-vous au sérail de l'empereur du Cap-Vert; j'y serai; le docteur y viendra, et nous le ferons donner dans le panneau. Mais, auparavant, allez-vous-en avec Angélique dans le cadran du Zodiaque : Colombine m'a assuré que le docteur doit y venir.

PIERROT. — C'est bien dit; sans moi vous n'auriez jamais trouvé cela.

SCÈNE II. — OCTAVE, ARLEQUIN.

OCTAVE. — Je crois effectivement que c'est le plus sûr. Je vais me préparer à tout.

ARLEQUIN. — Allez, je reste ici, moi, en attendant le docteur.

SCÈNE III.

ARLEQUIN, à la porte de sa loge, crie après avoir tiré plusieurs papiers de sa poche. — C'est ici, messieurs, que l'on voit tout ce qu'il y a de plus curieux à la foire.

SCÈNE IV. — ARLEQUIN, LE DOCTEUR.

ARLEQUIN continue de crier. — Sauts périlleux; un Basque derrière un carrosse, qui saute dedans sans attraper la roue; un greffier qui saute à pieds joints par-dessus la justice; une vieille femme qui saute à reculons de cinquante ans à vingt-cinq; une jeune fille qui saute en avant de l'état de fille à celui de veuve, sans avoir passé par le mariage. Qui est-ce qui veut voir, messieurs?

Monstres naturels : un animal moitié médecin de la ceinture en haut, et moitié mule de la ceinture en bas; un autre animal moitié avocat, moitié petit-maître; un anthropophage qui mange les hommes tout crus, et qui n'a plus faim dès qu'il voit des femmes. On voit cela à toute heure, messieurs; l'on n'attend point.

Ouvrage merveilleux qui fait l'étonnement de tous les curieux; c'est une pendule qui marque l'heure d'emprunter, et jamais celle de rendre, ouvrage utile à la plupart des officiers revenus de l'armée.

LE DOCTEUR, après avoir écouté attentivement. Monsieur, je voudrais bien voir cette pendule; et, si elle est comme vous le dites, je l'achèterai, à quelque prix que ce soit.

ARLEQUIN. — Oh! monsieur, ces pendules-là ne se vendent pas; on en fait des loteries.

LE DOCTEUR. — Eh bien! je prendrai des billets de loterie.

ARLEQUIN. —Vous ferez fort bien; vous avez la physionomie heureuse, et je crois que vous gagnerez le gros lot; mais, avant que de recevoir votre argent, je veux vous faire voir le gros lot de ma loterie. Qu'on ouvre.

SCÈNE V.

(La ferme s'ouvre; on voit un grand cadran en émail et les signes du zodiaque, figurés par des personnes naturelles.)

ARLEQUIN, LE DOCTEUR; LE TEMPS, figuré par Mezzetin.

LE DOCTEUR examine les signes du zodiaque. Voilà bien des signes que je ne connais pas.

ARLEQUIN. — Je le crois bien. Ce sont tous signes symboliques et mystérieux que j'ai mis à la place des anciens. Je réforme le zodiaque comme il me plaît, moi.

LE DOCTEUR. — Un procureur? Et qui a pu mettre un procureur parmi les astres?

ARLEQUIN. — C'est moi qui l'ai mis à la place du *cancer*.
Celui que vous voyez en signe,
Ce fut un procureur insigne,
Que j'ai nommé cancre ou vilain,
Pour m'avoir fait mourir de faim
Quand j'étais clerc sous sa férule.
On entendait à sa pendule
Sonner l'heure du coucher
Avant celle du souper.

LE DOCTEUR. — Qu'est-ce que c'est que cette fille avec un trébuchet à la main?

ARLEQUIN.
Au lieu de signe, on a pris soin
De mettre en cet endroit l'épicière du coin.
La balance autrefois servait à la justice :

Maintenant au palais ce meuble est superflu;
   Et l'on ne s'en sert presque plus
   Qu'à peser le sucre et l'épice.

LE DOCTEUR. — Ah! ah! voilà un homme qui me ressemble.

ARLEQUIN.

C'est le capricorne.
Quoique ce chef cornu contienne une satire,
   Je ne veux rien vous dire
   Sur un sujet si beau.
Pour un époux content que mes vers feraient rire,
   Mille enrageraient dans leur peau.

LE DOCTEUR. — Est-ce qu'il y a des malades dans le firmament, que j'y vois un carabinier de la faculté?

ARLEQUIN.

J'ai mis, au lieu de sagittaire,
   Ce vénérable apothicaire.
Tout visage sans nez frémit à son aspect;
Et lui, s'agenouillant de civile manière,
   Tire la flèche avec respect.

LE DOCTEUR. — Est-ce qu'il y a quelque signe de mort, que je vois une place vacante dans votre zodiaque?

ARLEQUIN.

J'ai cherché vainement, dans tout notre hémisphère,
Une fille pour mettre au signe de Virgo;
   Mais, par le premier ordinaire,
   Il m'en vient une de Congo.
Mais que dites-vous de ces deux jumeaux-là?

LE DOCTEUR. — Comment! c'est Octave et Angélique qui s'embrassent!

ARLEQUIN.

Vous l'avez dit, docteur; les Gémini sont morts;
Mais ces deux grands jumeaux que vous voyez paraître
   Ne faisant plus qu'un en deux corps,
   Malgré vous en feront renaître.

LE DOCTEUR, en colère. — Allez-vous-en au diable avec votre zodiaque. Je vous trouve bien insolent.

ARLEQUIN. — Doucement, ne nous fâchons point, monsieur le docteur. Pour vous dépiquer, je vais vous faire entendre quelque chose de beau.

LE DOCTEUR. — Je ne veux plus rien voir, ni rien entendre. Vous êtes un suborneur de la jeunesse.

ARLEQUIN. — Vous ne sauriez pourtant vous en dédire (Le Temps, représenté par Mezzetin, quitte le cadran et s'avance sur le devant du théâtre.) Voilà le Temps qui s'avance pour chanter; il faut que vous l'écoutiez paisiblement; il y va de votre vie. Si vous l'interrompiez, il vous couperait le cou avec sa faux.

LE DOCTEUR. — La malepeste! j'aime mieux l'écouter.

MEZZETIN, représentant le Temps, chante au nez du docteur.

> Ton temps est passé;
> Ton timbre est cassé.
> Tu t'en vas finir ta carrière :
> Ne prends point de femme, car,
> Au lieu de sonner l'heure entière,
> Tu ne sonnerais que le quart.

(Le fond du théâtre se referme, et tous les acteurs sortent.)

SCÈNE VI

UN LIMONADIER, UN OFFICIER SUISSE.

L'OFFICIER. — Holà! ho! quelqu'un! Bastien, François, Ambroise! N'y a-t-il là personne?

LE LIMONADIER. — Me voilà, me voilà, monsieur ; que vous plaît-il?

L'OFFICIER. — Que la peste vous crève, mon ami! vous me faites égosiller deux heures. Vite, du ratafia.

LE LIMONADIER. — Qu'on apporte du ratafia à monsieur. (On apporte une carafe de demi-setier.)

L'OFFICIER, après avoir avalé la carafe tout d'une haleine. — Ton ratafia est-il bon?

LE LIMONADIER. — C'est à vous à m'en dire des nouvelles.

L'OFFICIER. — Je ne le trouve pas assez coulant. Donne-m'en encore. (On apporte une seconde carafe qu'il boit comme la première.)

LE LIMONADIER. — Vous le faites pourtant bien couler. Du ratafia à monsieur, vite.

L'OFFICIER, avalant une troisième carafe. — Il n'y a pas assez de noyau.

LE LIMONADIER. — De la manière que vous l'avalez, s'il y avait des noyaux, ils vous étrangleraient. Encore du ratafia à monsieur.

L'OFFICIER, buvant une quatrième carafe. — Ton ratafia est-il naturel comme il sort de la vigne?

LE LIMONADIER. — Aussi naturel que le vin de Champagne des cabaretiers de Paris.

L'OFFICIER. — C'est-à-dire que vous autres, vendeurs de ratafia, vous êtes aussi honnêtes gens que les marchands de vin.

LE LIMONADIER. — C'est à peu près la même chose; et dans peu nous espérons ne faire qu'un corps, comme les violons et les maîtres à danser. Vous en plaît-il encore?

L'OFFICIER. — Belle demande. (On lui donne encore une carafe, qu'il boit comme les autres.) Je commence à m'apercevoir que ton ratafia ne vaut pas le diable, ce qui s'appelle pas le diable.

LE LIMONADIER. — Et qu'y trouvez-vous, monsieur? vous ne l'avez peut-être pas bien goûté. En voudriez-vous encore une carafe?

SCÈNE VII

L'OFFICIER, LE LIMONADIER, UN PETIT-MAITRE

LE LIMONADIER. — Mais voici quelqu'un,

LE PETIT-MAITRE entre en fredonnant, et se promène d'un air distrait. — Tout comme il vous plaira, la rira; tout comme il vous plaira.

LE LIMONADIER. — Monsieur, que vous plaît-il? du thé, du café, du chocolat?

LE PETIT-MAITRE, toujours distrait. — Tout comme il vous plaira, la rira, etc.

LE LIMONADIER. — Voulez-vous aller là-haut, ou demeurer ici?

LE PETIT-MAITRE, sans y prendre garde, heurte l'officier. — Tout comme il vous plaira, la rira, etc.

L'OFFICIER. — Monsieur, prenez garde à vous, s'il vous plaît. Si vous poussez si fort il faudra que je sorte.

LE PETIT-MAITRE. — Tout comme il vous plaira, la rira, etc.

L'OFFICIER. — Ventrebleu, monsieur! je ne sais comment je dois prendre votre procédé.

LE PETIT-MAITRE. — Tout comme il vous plaira, la rira, etc.

L'OFFICIER, mettant l'épée à la main. — Allons, morbleu! l'épée à la main.

LE PETIT-MAITRE, tirant l'épée. — Tout comme il vous plaira, la rira, etc.

L'OFFICIER, étant blessé. — Ah! je suis blessé : à l'aide, au secours, au guet!

LE PETIT-MAITRE, le poursuivant. — Tout comme il vous plaira, la rira, etc.

L'OFFICIER, se sauvant. — Ah! coquin, tu m'as tué; mais tu seras pendu.

LE PETIT-MAITRE. — Tout comme il vous plaira, la rira, tout comme il vous plaira.

SCÈNE VIII. — LE DOCTEUR, PIERROT.

PIERROT. — De la joie, monsieur, de la joie. Je vous l'avais bien dit que vous retrouveriez Angélique.

LE DOCTEUR. — J'ai promis vingt pistoles à qui me la ferait retrouver, j'en donnerais présentement cinquante à qui me la ferait perdre.

PIERROT. — Payez-moi toujours la retrouvaille, et après nous ferons marché pour la reperdaille.

LE DOCTEUR. — Est-ce que tu l'as rencontrée en ton chemin?

PIERROT. — Non, monsieur; mais mes correspondants m'ont donné des avis. Un oublieux m'a dit qu'on avait vu, dans le Marais, entre onze heures et minuit, une fille sortir en habit de bain, pendant qu'on précipitait son déménagement par les fenêtres... Est-ce Angélique?

LE DOCTEUR. — Je ne crois pas cela.

PIERROT. — Un crocheteur de la douane m'a donné avis qu'on avait retrouvé, parmi les sacs d'un caissier, une petite femme qui s'était perdue la veille au lanquenet. Est-ce Angélique?

LE DOCTEUR. — Ce n'est pas elle : elle est trop grosse et ne pourrait se cacher que derrière des sacs de blé.

PIERROT. — Un vendeur d'eau-de-vie m'a assuré qu'il avait vu entrer, à quatre heures du matin, une jolie solliciteuse chez un jeune rapporteur, et qu'il l'avait menée, l'après-midi, au Port-à-l'Anglois pour instruire son procès.

LE DOCTEUR. — Angélique n'a point de procès.

PIERROT. — Attendez, monsieur, on m'a donné encore un avis.

LE DOCTEUR. — Je ne veux plus entendre parler d'Angélique, ni de tes avis; et je la méprise si fort, que si je trouvais à me marier avec une autre, je l'épouserais dès aujourd'hui.

PIERROT. — Mais, monsieur, puisque l'appétit de la noce vous gourmande si fort, allez voir le sérail de l'empereur du Cap-Vert. On dit qu'il fait l'inventaire de ses femmes : vous en trouverez peut-être quelqu'une à votre convenance.

LE DOCTEUR. — Quoi! que me dis-tu? On vend des femmes à la foire?

PIERROT. — Oui, monsieur; c'est la grande nouvelle de Paris : on y court des quatre coins de la ville.

LE DOCTEUR. — Allons voir ce que c'est que ce commerce-là.

PIERROT. — Je vais vous mener. J'en prendrai peut-être une pour mon compte, si j'en trouve à ma propice, et qui soit digne de mon mérite.

SCÈNE IX

(La ferme s'ouvre, et le théâtre représente l'intérieur du sérail de l'empereur du Cap-Vert; on y voit plusieurs berceaux de fleurs, gardés par des eunuques. L'empereur du Cap-Vert, représenté par Arlequin, est debout sur un trône de fleurs, soutenu par des singes, et entouré de perroquets, de serins de Canarie, etc. L'orchestre joue une marche, et les eunuques passent en revue devant Arlequin, qui, ensuite, danse seul une entrée.)

ARLEQUIN, seul.

Je suis prince de la verdure,
Le teinturier en vert de toute la nature :
On ne me prend jamais sans vert.
Singes et perroquets sont dans ma seigneurie :
Roi des serins de Canarie,
Je m'appelle, en un mot, l'empereur du Cap-Vert.
C'est ici que l'on voit un sérail à louer;
Femme à vendre, ou femme à donner.
Si je voulais en acheter,
Je ne saurais auquel entendre.
Combien en ce lieu de maris
M'amèneraient leurs femmes vendre,
Et m'en feraient fort juste prix!
(Aux eunuques.)
Vous, geôliers bistournés, qui, pour ma sûreté,
De mes menus plaisirs gouvernez les serrures,
A mes oiseaux privés donnez la liberté :
Qu'ils viennent chercher leurs pâtures.
(Les berceaux se changent en de grands fauteuils, sur chacun desquels une femme est assise.)

SCÈNE X. — ARLEQUIN, LE VALET DE THÉÂTRE.

LE VALET. — Monsieur, voilà un homme qui dort, et qui demande une femme.

ARLEQUIN. — Un homme qui dort et qui demande une femme! Il rêve donc. Voilà quelque habitant du pays de Papimanie.

SCÈNE XI. — ARLEQUIN, UN DORMEUR.

LE DORMEUR, enveloppé d'un manteau fourré.

Toujours je dors, toujours je bâille.

(Il bâille à plusieurs reprises.)

ARLEQUIN.

Qui vous fit sous le nez une si longue entaille?

LE DORMEUR.

En mariage ici je viens m'appareiller.

ARLEQUIN.

Il faut vous marier avec un oreiller.

LE DORMEUR.

Non, monsieur; il me faut une femme gaillarde,
Quelque jeune égrillarde,
Qui chante pour me réveiller.

ARLEQUIN.

Femme trop éveillée et mari qui sommeille
Ne peuvent longtemps s'accorder.
Toujours au chant du coq la poule se réveille;
Mais quand le coq s'endort, la poule a beau chanter,
Elle n'est jamais entendue;
Et l'époux, en ronflant la basse continue,
L'oblige bien à déchanter.

LE DORMEUR.

Plus d'un mari qui m'écoute
Voudrait, en certain temps, pouvoir dormir bien fort;
Car quand on dort,
On ne voit goutte.

ARLEQUIN.

Dormir trop fort aussi donne un autre chagrin :
Car souvent la femme irritée,
Voyant que son époux dort d'un sommeil malin,
S'en va, n'étant point écoutée,
Chercher, pour l'éveiller, le secours d'un voisin.

Mais je m'en vais faire avancer toutes mes sultanes :
vous les verrez; et, s'il y en a quelqu'une de votre

goût, vous la prendrez. (Les sultanes s'avancent. — Il réveille le dormeur.) Hé ! il ne faut pas dormir quand il est question de choisir une femme ; les plus clairvoyants n'y voient pas assez clair. Réveillez-vous donc. Tenez, en voilà une qui fera bien votre fait, car elle chante toujours. Avancez, la belle.

LA CHANTEUSE, en sultane, chante.
Époux qui possédez un objet plein d'appas,
Ne vous endormez pas ;
Gardez bien votre conquête
Contre les veilles d'un amant :
Car, bien souvent,
Le mari se réveille avec un mal de tête
Qu'il n'avait pas en s'endormant.

ARLEQUIN, chante sur l'air de Pierre-Bagnolet.
La femme est une place ennemie,
Que tôt ou tard on assiégera :
Il faut toujours qu'un mari crie :
Qui vive ? qui vive ? qui va là ?
Veille qui pourra !
Si la sentinelle est endormie,
Dans le corps de garde on entrera.

SCÈNE XII.

ARLEQUIN, UN MUSICIEN ITALIEN.

L'ITALIEN. — Vous voyez, monsieur, un homme au désespoir. Ah ! ah ! ah ! (Il rit.)

ARLEQUIN. — A vous voir, on ne le croirait jamais.

L'ITALIEN. — Je ne saurais m'empêcher de rire, quand je songe que je vais me marier. (Il pleure.)

ARLEQUIN. — Ce n'est pas là un sujet de tristesse.

L'ITALIEN. — J'ai perdu, depuis peu, un procès qui m'afflige beaucoup. (Il rit.)

ARLEQUIN. — Il n'y pas de quoi rire.

L'ITALIEN. — Mais ce qui me réjouit, c'est que je suis délivré, par arrêt, de ma première femme. (Il pleure.)

ARLEQUIN. — Quel diable d'homme est-ce là ? Il rit quand il faut pleurer, et il pleure quand il faut rire.

L'ITALIEN. — La coquine m'a perdu de réputation :

elle m'a accusé en justice de n'être un mari seulement
que pour la forme, et m'a fait déclarer vieux à la
fleur de mon âge.

ARLEQUIN. — J'entends votre affaire; on vous a mis
sur la liste *de frigidis et maleficiatis*.

L'ITALIEN. — Oui, monsieur; mais vous allez rire.
Une goguenarde de servante a demandé, en justice, que je
fusse obligé de nourrir son enfant, dont elle dit que je
suis le père, parce qu'il me ressemble.

ARLEQUIN. — S'il fallait adopter tous les enfants qui
ressemblent, et désavouer tous ceux qui ne ressemblent pas, on verrait un beau brouillamini dans les
familles

L'ITALIEN. — Ne suis-je pas malheureux? Je me
flattais que de ces deux procès il fallait que j'en ga-
gnasse un.

ARLEQUIN. — J'en aurais mis ma main au feu.

L'ITALIEN. — Je les ai perdus tous les deux.

ARLEQUIN. — Tous les deux! cela n'est pas juste.

L'ITALIEN. — Non, assurément; car ou je suis, ou je
ne suis pas; ma servante dit oui, ma femme dit non :
cependant, le même jour, les mêmes juges ont déclaré
que j'étais oui et non tout à la fois, et on m'a con-
damné aux dépens. Ah! ah! ah! (Il rit.)

ARLEQUIN chante.

Après un pareil procès,
Crois-moi, ne plaide jamais.
Dans la même occasion,
Tantôt on dit oui, tantôt on dit non.
Par arrêt te voilà donc
Déclaré coq et chapon.

Mais, de ta seconde femme, qu'en as-tu fait?

L'ITALIEN. — Hélas! monsieur, elle est morte : l'on
m'avait accusé de l'avoir tuée; et sans l'argent et des
amis, j'aurais été pendu pour une femme.

ARLEQUIN. — Comment donc? conte-moi un peu cela.

L'ITALIEN. — Le vrai de la chose est que ma femme
est morte parce que je n'ai pas eu assez de complaisance pour elle.

ARLEQUIN. — Voilà qui est extraordinaire! Cette femme-là prenait donc les choses bien à cœur?

L'ITALIEN. — Un jour d'hiver, elle revient à la maison à deux heures après minuit, heurte comme tous les diables; mais je n'eus jamais la complaisance d'aller lui ouvrir: elle coucha dehors.

ARLEQUIN. — Et pour cela, elle mourut?

L'ITALIEN. — Oh! que nenni.

ARLEQUIN. — Je m'en étonnais aussi; jamais femme n'est morte pour avoir couché dehors.

L'ITALIEN. — Une autre fois, je l'enfermai deux jours et deux nuits dans la cave, avec un pain de six livres; et, quoi qu'elle pût dire, je n'eus jamais la complaisance de lui ouvrir.

ARLEQUIN. — Et elle en mourut?

L'ITALIEN. — Point du tout. Elle but tout un quartaut de vin de Champagne, et mangea les deux tiers d'un jambon de quinze livres.

ARLEQUIN. — Cette femme-là était bien en colère.

L'ITALIEN. — Voyant donc qu'elle ne se corrigeait pas, je l'emmenai promener sur l'eau, dans un petit bateau, du côté de Charenton; et comme elle était assise sur le bord du bateau, je la poussai tant soit peu en passant, et elle tomba dans la rivière. La voilà qu'elle commence à crier: « A moi! miséricorde! au secours! » Je n'eus jamais la complaisance de lui tendre la main.

ARLEQUIN. — Elle en mourut?

L'ITALIEN. — Non, monsieur, elle se noya.

ARLEQUIN. — Comme s'il y avait de la différence entre mourir et se noyer! Mais de quelle vcation êtes-vous?

L'ITALIEN. — Je suis musicien italien, monsieur.

ARLEQUIN. — Je ne m'étonne pas s'il y a quelque *déficit* à votre personne, et si vous êtes si peu complaisant. Oh! bien, j'ai justement ici votre affaire: j'ai une fille qui a été serin de Canarie autrefois. Vous ferez ensemble des concerts admirables.

L'ITALIEN. — Serin de Canarie! Vous vous moquez.

ARLEQUIN. — Non. Pythagore lui a révélé cela: elle le croit; c'est sa folie.

SCÈNE XIII. — ARLEQUIN, LE MUSICIEN ITALIEN, COLOMBINE.

ARLEQUIN, à Colombine.

Parlez, n'est-il pas vrai, belle visionnaire,
Que vous avez jadis chanté dans ma volière?

COLOMBINE.

Oui, seigneur; et c'est aujourd'hui
Ce qui fait mon mortel ennui.
Lorsque j'étais serin de Canarie,
Je passais plaisamment la vie :
J'étais l'honneur de ce séjour.
Je chantais tout le long du jour.
Aux opéras d'oiseaux j'avais les premiers rôles :
J'étais Armide, Arcabonne, Didon;
Je me pâmais en poussant un fredon;
Et rien ne me manquait, enfin, que la parole.
On m'a, croyant me faire un plaisir singulier,
Naturalisé fille. Ah! le triste métier!

ARLEQUIN.

Vous avez tort d'avoir tant d'amertume,
La belle, autrefois bête à plume;
C'est un sort plein d'attraits
D'être jeune fille au teint frais;
D'avoir un nez, un front. Ma foi, vous êtes folle
De vouloir retourner à votre ancienne peau.
Une fille, en tout temps, se vend mieux qu'un oiseau;
Je vous en donne ma parole :
Pour trois ou quatre écus, j'achète le plus beau;
Mais en cas d'une fille, un peu friand morceau,
Vous n'avez pas grand'chose avec une pistole.

COLOMBINE.

Lorsque j'étais serin, il m'en souvient encore,
Rien ne contraignait mes désirs:
De mes chants amoureux je saluais l'aurore;
J'allais sur l'aile des zéphyrs,
Dès le matin caresser Flore;
Et lorsque du soleil la lumière inégale
Sur la terre s'affaiblissait,

Sans redouter l'éclat, sans craindre le scandale,
Je couchais où bon me semblait.

ARLEQUIN.

On trouve toujours assez vite
Quelque charitable passant
Qui vous loge chemin faisant.
Fille porte toujours de quoi payer son gîte.

COLOMBINE.

A mon réveil, en dépit des filets,
Je voltigeais dans les forêts,
Avec quelque serin du plus joli plumage :
Tantôt dans les jardins nous passions tout le jour
A gazouiller sous un feuillage,
Et nous n'interrompions jamais notre ramage
Que par des silences d'amour.

ARLEQUIN.

On vit de même encor; c'est ici la coutume :
Les bois et les jardins sont des écueils d'honneur,
Des coupe-gorges de pudeur.
On voit certains oiseaux, non des oiseaux à plume,
Femelles à maintien suspect,
Qui, sans aller chercher les îles Canaries,
Trouvent à faire un nid le soir aux Tuileries,
Avec des serins à gros bec.

COLOMBINE.

Je ne conduisais point une intrigue en cachette ;
J'écoutais mille oiseaux murmurer tour à tour,
Et ne passais point pour coquette,
Quoique avec tout venant je parlasse d'amour.

ARLEQUIN.

Eh bien ! c'est encor la méthode ;
Sans être trop coquette, on a plusieurs amants,
D'été, d'hiver et de printemps,
Dont on change suivant la mode.
Une fille aujourd'hui, sans sonner le tocsin,
Attire un garçon d'une lieue,
Et l'on ne trouve point de femelle en chemin
Qui n'ait maint mâle après sa queue.

COLOMBINE.

Lorsque le printemps, de retour,
Excite nos cœurs à l'amour,
Sans appeler ni parents, ni notaire,
Je choisissais l'époux qui savait mieux me plaire ;
    Nous goûtions un heureux destin,
    Et mon époux était certain
Que de tous ses petits il était le vrai père.

ARLEQUIN.

Ceux que le dieu d'hymen a pris au trébuchet
    Ne sont pas si sûrs de leur fait ;
Et tel se voit d'enfants une longue couvée,
Qui ne fait que prêter son nom à la nichée.

COLOMBINE.

Sans aller en justice exposer les défauts
    De ces maris froids et brutaux,
Quand un nouveau venu me plaisait davantage,
    Je rompais net mon mariage.
    Sans craindre que, par des arrêts,
    On eût droit de me mettre en cage ;
Et le printemps suivant, j'allais dans un bocage
    Me marier sur nouveaux frais.

ARLEQUIN, à l'Italien.

Prends vite de ma main cette femme prudente ;
Pour ne pas effleurer ta réputation,
Tu la verras changer de maris plus de trente,
Avant de demander la séparation.

L'ITALIEN. — Monsieur, je la prendrai ; mais souvenez-vous que... (Il chante.)

    Je suis oui, je suis non ;
    Selon l'occasion,
    La chose est incertaine :
    Je suis toujours oui
    Chez la femme d'autrui ;
Mais je suis non avec la mienne.

ARLEQUIN chante,

Dedans tes champs sème, arrose, défriche ;
Plante en tout temps si tu veux être riche :
    Mais
    A laisser sa femme en friche,
    On ne s'appauvrit jamais.

L'ITALIEN. — Mais si l'incomplaisance me prenait?

ARLEQUIN. — Oh! pour cela, suis cette leçon; écoute.
(Il chante.)

> Sois complaisant, affable et débonnaire;
> Traite ta femme avec douce manière :
> Mais
> Quand elle est dans la rivière,
> Ne l'en retire jamais.

SCÈNE XIV. — ARLEQUIN, LE DOCTEUR.

LE DOCTEUR, épouvanté. — Au secours! à l'aide! Prenez garde à moi.

ARLEQUIN. — Qu'y a-t-il donc, monsieur le docteur? Le feu est-il à la foire?

LE DOCTEUR. — Ah! pis que cela cent fois. Ce sauvage, qu'on montre à la foire, cet anthropophage qui mange les hommes, s'est échappé de sa loge, et me poursuit pour me dévorer. Il ne s'arrête que quand il voit des femmes. N'en avez-vous point ici?

SCÈNE XV

ARLEQUIN, LE DOCTEUR; OCTAVE, en sauvage.

OCTAVE, poursuivant le docteur, et voulant se jeter sur lui. — *Branas sigyda peristacq, ourda chiribistacq.*

LE DOCTEUR. — Miséricorde! je suis mort! Lâchez-lui une femme au plus vite.

SCÈNE XVI

ARLEQUIN, LE DOCTEUR, OCTAVE, ANGÉLIQUE.

ARLEQUIN présente Angélique à Octave. — Tenez, monsieur l'anthropophage, voilà de quoi rabattre vos fumées.

ANGÉLIQUE, apercevant le docteur. — Le docteur! ah! ciel!

OCTAVE. — *Astrador, ourda caristac.* Que vois-je? quel objet agréable se présente à ma vue! Je me sens tranquille. (A Arlequin, montrant Angélique.) Qu'est-ce que cela?

ARLEQUIN. — C'est une femme.

OCTAVE. — Une femme! et qu'est-ce que c'est qu'une femme!

ANGÉLIQUE. — Une femme, c'est une machine parlante qui met tout l'univers en mouvement, et qui se meut par les ressorts de la tendresse.

ARLEQUIN. — Ce n'est pas là la définition d'une femme. Une femme est un petit animal doux et malin, moitié caprice et moitié raison; c'est un composé harmonique où l'on trouve quelquefois bien des dissonnances.

OCTAVE. — Je n'entends point cela.

ARLEQUIN. — La femme est un animal timide, et qui ne laisse pas de se faire craindre; il ne combat que pour être vaincu, et fait demander quartier en cessant de se défendre. Entendez-vous, à cette heure?

OCTAVE approche d'Angélique. — La jolie petite figure! plus je la regarde, plus elle me fait plaisir. (A Arlequin.) Dites-moi, je vous prie, à quoi cela est-il bon?

ARLEQUIN. — A tout. La femme est, dans la société, ce que le poivre concassé est dans les ragoûts. Veut-on rire, chanter, danser, boire, se marier, il faut des femmes; enfin, il entre de la femme partout où il y a des hommes.

LE DOCTEUR. — Vous avez fait la définition d'une femme; je vais faire celle d'une fille. Une fille est un petit oiseau farouche, qu'il faut tenir en cage; et voilà ce que je vais faire. (Il se saisit d'Angélique.)

OCTAVE, se jetant sur lui. — *Chauriby musala cheriesi peristacq.*

ARLEQUIN. — Miséricorde! Relâchez-lui cette fille.

OCTAVE. — Je sens revenir ma tranquillité; et si l'on me voulait donner ce joli animal-là, je ne mangerais plus d'hommes, je vous assure; je m'en tiendrais à ce mets-là pour toute ma vie.

ANGÉLIQUE. — Vous vous en lasseriez bientôt.

ARLEQUIN. — Il n'y en a point de plus friand; mais il n'y en a point aussi qui rassasie plus vite. (Au docteur.) Monsieur le docteur, donnez-lui ce qu'il vous demande.

LE DOCTEUR. — Que je donne Angélique à un mangeur de chair humaine !

ANGÉLIQUE. — Ne craignez rien; et afin qu'il ne vous fasse point de mal, je veux toujours être auprès de lui.

LE DOCTEUR. — Comment! malheureuse !

ANGÉLIQUE. — Ne vous fâchez point, monsieur le docteur; si vous me donnez à ce sauvage-là, il ne vous demandera jamais compte de mon bien.

LE DOCTEUR. — Il ne me demandera point de compte? Qu'il l'emmène donc au pays d'Anthropophagie, et que je n'en entende jamais parler.

ARLEQUIN. — Vous rendez un grand service au genre humain : ce mangeur d'hommes-là ne s'occupait qu'à le détruire, et il va s'occuper à le peupler. (Il chante.)

> Pour vous, monsieur le sauvage,
> Qui faites tant le méchant,
> Quatre jours de mariage
> Vous rendront moins violent :
> Quand on voit un beau visage,
> On croit d'abord faire rage ;
> Mais son approche nous rend
> Doux et souple comme un gant.

LE DOCTEUR. — Mais, monsieur l'empereur, donnez-moi donc une femme comme aux autres, car j'ai envie de me remarier.

ARLEQUIN. — Je crois effectivement que vous n'en avez que l'envie ; car je vous crois trop vieux pour en avoir les forces. Allons, il faut vous faire deux plaisirs à la fois, vous marier et vous rajeunir.

LE DOCTEUR. — Me rajeunir ?

ARLEQUIN. — Oui, vous rajeunir. Je m'en vais vous faire piler dans le mortier de mon apothicaire ; et trois jours après, vous en sortirez gai et gaillard, et aussi vigoureux que vous l'étiez à dix-huit ans. Qu'on fasse venir Caricaca, mon apothicaire.

SCÈNE XVII. — ARLEQUIN, LE DOCTEUR, ANGÉLIQUE, OCTAVE; CARICACA, apothicaire, un mortier sur la tête, dont un chat tient le pilon entre ses pattes.

CARICACA. — Qu'est-ce qu'il y a, monsieur? De quoi s'agit-il?

ARLEQUIN. — De rajeunir monsieur que voilà. Faites-lui voir comme vous vous y prendrez.

CARICACA. — Tout à l'heure. Allons hé! Gille, pilez. (Il chante.)

> Je suis un apothicaire,
> Qui place bien un clystère,
> Laire la, laire lanla;
> N'est-il pas vrai, Caricaca?
> Pile, Gille; Gille, pile,
> Pile-moi du quinquina;
> Pile donc, Caricaca,
> La femme de maitre Gille,
> Quelque jour on la croquera.
> Pile donc, Caricaca;
> Pile-moi du quinquina.

(Le chat pile pendant que l'apothicaire chante.)

SCÈNE XVIII. — ARLEQUIN, LE DOCTEUR.

ARLEQUIN. — Eh bien! monsieur, que dites-vous de mon apothicaire et de son garçon?

LE DOCTEUR. — Je dis que vous n'avez rien que de merveilleux.

ARLEQUIN. — Je m'en vais vous faire voir la femme que je vous destine. Faites avancer Charlotte.

LE DOCTEUR. — Monsieur, est-elle jolie!

ARLEQUIN. — C'est la meilleure et la plus jolie pièce de mon sac. Elle m'a servi longtemps de guenon, et j'espère que vous ferez de beaux singes ensemble. Elle sait chanter, elle sait danser. Vous allez voir.

SCÈNE XIX

ARLEQUIN, LE DOCTEUR; UNE PETITE FILLE en cage.

(Quatre Indiens apportent une cage, dans laquelle est une petite fille qui chante ce qui suit.)

LA PETITE FILLE.

Vous qui vous moquèz, par vos ris,
    De ma figure en cage;
Parmi vous autres, beaux esprits,
    Il s'en trouve, je gage,
Qui voudraient bien, au même prix,
    Revenir à mon âge.

(Après qu'elle a chanté, elle sort de sa cage, et elle danse seule une entrée.)

VAUDEVILLE.

LA CHANTEUSE.

La foire est un sérail fécond,
    Qui peuplerait la France :
Force mariages s'y font,
    Sans contrat ni finance.
Messieurs, la foire est sur le pont,
    Venez en abondance.

ARLEQUIN.

Par quelque agréable chanson
    Filouter l'auditoire,
Et lui couper bourse et cordon,
    Voilà notre grimoire :
Car ici nous nous entendons
    Comme larrons en foire.

COLOMBINE.

Tel qui sa femme, tous les jours,
    A la foire accompagne.
Ne voit pas, en certains détours,
    Les rivaux en campagne.
Un mari ne sait pas toujours
    Les foires de Champagne.

LA CHANTEUSE, au docteur.

Il faut que tout vieillard usé
    Renonce au mariage.
Si vous en êtes entêté,

Prenez fille à cet âge;
(Elle montre la petite fille.)
Et pour plus grande sûreté,
Vous la mettrez en cage.

ARLEQUIN, au parterre.

Messieurs, de bon cœur recevez
La pièce qu'on vous donne:
Demain vos vœux seront comblés,
Si votre argent foisonne.
Si les marchands sont assemblés,
La foire sera bonne.

(Les couplets suivants ont été ajoutés à l'occasion d'une comédie qui
fut donnée dans le même temps, et sous le même titre que celle-ci.
Cette pièce, dont Dancourt est l'auteur, avait été faite pour contreba-
lancer le succès de la pièce italienne.)

MEZZETIN.

Deux troupes de marchands forains
Vous vendent du comique;
Mais si pour les Italiens
Votre bon goût s'explique,
Bientôt l'un de ces deux voisins
Fermera sa boutique.

ARLEQUIN.

Quoique le pauvre Italien
Ait eu plus d'une crise,
Les jaloux ne lui prennent rien
De votre chalandise.
Le parterre se connaît bien
En bonne marchandise.

AVERTISSEMENT SUR LES DEUX SCÈNES QUI SUIVENT

Les deux scènes que nous donnons n'appartiennent point à la comédie de la Foire Saint-Germain, mais y ont été seulement ajoutées à
la représentation. Comme il est incertain que Regnard en soit l'auteur,
nous les avions supprimées; mais nos lecteurs en ayant témoigné
quelque regret, nous les leur restituons.

La première de ces scènes est intitulée *Scène des Carrosses*. Une
anecdote du temps y a donné lieu. Deux femmes, chacune dans son
carrosse, s'étant rencontrées dans une rue étroite, ne voulurent reculer ni l'une ni l'autre, et la rue fut ainsi embarrassée jusqu'à l'arrivée
du commissaire qui, pour les mettre d'accord, les fit reculer toutes les
deux en même temps. Tel est le sujet de cette scène, qui est plaisamment dialoguée.

La seconde scène est intitulée *Le Procureur en robe rouge.* Le sujet est plus comique, et l'anecdote qui y a donné lieu pouvait fournir le sujet d'une vraie comédie; la voici telle que la rapporte Gherardi: « Certain procureur traitant d'une charge de greffier en chef, sur les « espérances qu'on lui avaient données de lui faire trouver les sommes « nécessaires pour cela, avait déjà fait faire son portrait en robe rouge, « et l'avait envoyé à une fille très-riche qu'il recherchait en mariage; « mais comme les bourses lui manquèrent et qu'il ne put plus acheter « la charge, il ne voulut pas payer son portrait au peintre, disant « qu'il l'avait peint en greffier et qu'il n'était que procureur. »

Au reste, ces scènes étaient si peu liées à l'action principale de la pièce, que l'on les ajoutait tantôt à une pièce, tantôt à une autre.

SCÈNE DES CARROSSES

ARLEQUIN ET MEZZETIN en femmes, chacune dans une petite vinaigrette; UN COMMISSAIRE qui survient.

PREMIER HOMME, qui traine une vinaigrette. Reculez, vivant.

DEUXIÈME HOMME, qui traine une vinaigrette. — Recule toi-même, hé!

PREMIER HOMME. — Holà! l'ami, hors du passage.

DEUXIÈME HOMME. — Hors du passage toi-même.

MEZZETIN, à l'homme qui le traine. — Qu'est-ce donc, cocher? Est-ce que vos chevaux sont fourbus?

ARLEQUIN, à l'homme qui le traine. — Fouettez donc, maraud, fouettez donc. Avez-vous oublié mes allures!

PREMIER HOMME. — Madame, il y a un carrosse qui empêche de passer.

ARLEQUIN. — Un carrosse? eh! marchez-lui sur le ventre, mon ami.

MEZZETIN, la tête à la portière. — Quelle est donc l'impertinente qui arrête mon équipage dans sa course?

ARLEQUIN, la tête hors de la portière. — C'est moi, madame: je vous trouve bien ridicule de borner avec votre flacre les rues où je dois passer!

MEZZETIN. — Fiacre vous-même! Notre famille n'a jamais été sans carrosse ni sans chevaux.

ARLEQUIN. Ni sans bourriques, madame.

MEZZETIN. — Savez-vous bien qui je suis, ma petite mie?

ARLEQUIN. — Me connaissez-vous bien, ma petite mignonne?

MEZZETIN. — Apprenez, si vous ne le savez, que je suis la première cousine du premier clerc du premier huissier à verge au Châtelet de Paris.

ARLEQUIN. — Et moi je suis la femme du premier marguillier du premier œuvre de la Villette.

MEZZETIN. — Quand vous seriez le diable, vous reculerez.

ARLEQUIN. — Que je recule? reculez vous-même; on n'a jamais reculé dans ma famille.

MEZZETIN. — Oh bien! madame, je vous déclare que je ne recule point, et que je reste ici jusqu'à soleil couchant.

ARLEQUIN. — Et moi, j'y demeure jusqu'à lune levante.

MEZZETIN. — Je n'ai rien à faire: pourvu que je sois aux Tuileries entre chien et loup.

ARLEQUIN. — Ni moi non plus, pourvu que je sois demain au lever de monsieur le marquis de la Virgouleuse.

MEZZETIN. — Petit laquais, allez me chercher à dîner à la gargote, et faites apporter du foin pour mes chevaux.

ARLEQUIN. — Pour moi, je n'ai que faire d'envoyer rien chercher; je porte toujours sur moi tout ce qu'il me faut, et je ne marche jamais sans des vivres pour trois jours. Qu'on me donne ma cuisine. (Un laquais lui aide à prendre une petite cuisine de fer-blanc, qui est faite comme un garde-manger, d'où Arlequin tire des assiettes, une salade, un poulet, des burettes pleines d'huile et de vinaigre, des fourchettes, des couteaux, des serviettes et autres ustensiles propres à garnir une table. Il pose tout cela sur le devant de la vinaigrette, et mange; et de temps en temps boit en saluant tantôt la dame sa voisine, et tantôt le parterre. Après plusieurs lazzis de cette nature, arrive le commissaire.)

LE COMMISSAIRE. — Quelle cohue est-ce donc, mesdames? Voilà un embarras terrible! Un enterrement, un troupeau de bœufs, et deux charrettes de foin qui ne sauraient passer. Otez-vous de là, et au plus vite.

MEZZETIN, au commissaire. — Oh bien! monsieur, je séchérai plutôt sur pied que d'en branler.

ARLEQUIN. — Pour moi, je n'en démarrerai pas, dussé-je arrêter la circulation de Paris. A votre santé, monsieur le commissaire. (Il boit.)

MEZZETIN. — Je souffrirai bien, vraiment, qu'une sous-roturière insulte ma calèche en pleine rue!

ARLEQUIN. — Nous verrons si une arrière-bourgeoise me mangera la laine sur le dos!

LE COMMISSAIRE. — Il faut pourtant quelque accommodement à cela.

ARLEQUIN. — Qu'est-ce à dire, monsieur le praticien? Est-ce que vous me prenez pour une femme d'accommodement?

LE COMMISSAIRE. — Eh! madame, entrez mieux dans ce que je dis. Je dis qu'il faut vider ce différend et sortir d'affaire.

ARLEQUIN. — Vider! Mais voyez un peu quelle insolence? Oh! apprenez, monsieur le commissaire, que je ne vide rien, moi; allez chercher vos videuses d'affaires ailleurs.

LE COMMISSAIRE. — Il faut pourtant que vous reculiez. [Il se met entre les deux vinaigrettes, et les fait reculer toutes les deux en même temps.)

MEZZETIN. — Que je recule! Morbleu! cela ne sera pas vrai. (Il saute sur le commissaire.)

ARLEQUIN. — Que je recule? Parbleu! vous en aurez menti. (Il saute sur le commissaire, qui s'esquive. Les deux femmes se prennent au collet, se décoiffent et s'en vont; ce qui finit la scène.)

SCÈNE DU PROCUREUR EN ROBE ROUGE.

ANGÉLIQUE, COLOMBINE; ARLEQUIN, en procureur; UN PEINTRE, UN PRÊTEUR sur gages, UN LAQUAIS.

ANGÉLIQUE.— Ah! Colombine, que me dis-tu? Quoi! monsieur Griffon, que j'ai tant de fois rebuté, est présentement avec mon père, et il lui parle de mariage?

COLOMBINE.— Il est trop vrai, madame; et le pis de l'affaire, c'est que votre père l'écoute, parce qu'il dit qu'il n'est plus procureur. Je l'ai vu entrer d'un air des plus magistrats : une perruque flottante, le raba en cravate, les bras en zigzag, une robe troussée jusqu'au quatrième bouton, dont un grand laquais portait la queue *cum comento;* enfin avec tous les airs d'un petit-maître de palais.

ANGÉLIQUE. — Ah ciel! je suis perdue si mon père l'écoute.

COLOMBINE. — Oui, c'est un terrible contre-temps ; votre affaire était en bon train avec Octave. Mais ne désespérons encore de rien. Voici l'homme.

ARLEQUIN, en monsieur Griffon. — Tortille, tortille ma queue. Tortille, tortille, tortille.

LE LAQUAIS. — Mais, monsieur, c'est encore votre robe de procureur; elle est trop courte de cinq quartiers.

ARLEQUIN. — Tortille, tortille.

LE LAQUAIS. — Mais, monsieur, je tortille tant que je puis.

ARLEQUIN. — Tortille, tortille encore ; il ne faut pas qu'elle soit plus grosse qu'une saucisse, cela a l'air magistrat. (Apercevant Angélique.) Ah! ma princesse! (Vers son laquais.) Etale, étale. (Vers Angélique.) Vous voyez, ma princesse. (Vers Angélique.) Excusez, madame ; c'est que ce maraud-là n'est pas encore stylé à l'exercice de la robe. Vous voyez, charmante Angélique, un échappé de la chicane, que le désir de vous plaire a fait voler à un rang où il semble qu'un procureur n'eût jamais osé prétendre. Je vous pardonne, belle mignonne, dont je voudrais faire mainte expédition, je vous pardonne tous les contredits que vous avez faits à ma passion. C'était trop peu pour vous qu'un procureur, quoiqu'il y ait des femmes de procureurs qui, au sac d'or et au carreau près, le portent aussi haut que les plus huppées de la robe. Mais on peut dire, charmant tiret qui enfilez tous les rôles de mon amour, que quand on n'a pas ce que l'on aime, le diable emporte ce qu'on a.

COLOMBINE. — Comment, monsieur! vous pouvez donc donner le sac d'or et le carreau à madame votre épouse? Oh! pour cela, c'est un grand avantage d'avoir le droit de se laisser tomber de son haut sur les genoux, sans être en risque de se blesser.

ARLEQUIN. — Ce n'est rien que tout cela. J'ai le droit de porter la robe rouge.

ANGÉLIQUE et COLOMBINE, ensemble. — La robe rouge !

ARLEQUIN. Ah ! ma foi, c'est une jolie chose. Je n'avais jusqu'à présent connu que les plaisirs que causent les profits d'une bonne étude ; mais les honneurs chatouillent le cœur de bien près. Mon marchand m'a apporté pour ma robe le plus beau drap écarlate rouge qu'on ait jamais vu ; c'est du même que sont habillés les mousquetaires gris et noirs.

COLOMBINE. Mais, monsieur, êtes-vous déjà en possession de votre charge ?

ARLEQUIN. — Non, pas tout à fait : il y manque encore quelques petites formalités qu'il faut terminer ; mais, comme tous les plaisirs ne sont que dans la jouissance, je les prends toujours par *interim*. Et, à vous dire le vrai, je ne me fais encore porter la queue que chez mes bons amis et dans les rues détournées. J'ai aussi fait faire par avance mon portrait, que je ferai graver au burin au premier jour.

COLOMBINE. — Comment ! monsieur Griffon gravé au burin ? Savez-vous bien qu'il n'y a que les hommes illustres qui se fassent graver ?

ARLEQUIN. — Oh ! je ne serai pas le premier greffier qui se soit fait graver en robe magistrale ; et d'un bon original, on ne peut trop multiplier les copies. Savez-vous comment j'y suis représenté ? En robe rouge, ma princesse, en robe rouge. Ma foi, on a beau avoir du mérite, il faut pour l'indiquer mettre une enseigne à sa porte.

COLOMBINE. — Monsieur Griffon, les emplois sont justement comme ces lierres qui ruinent souvent les murailles qu'ils parent.

ARLEQUIN. — J'ai du crédit, ma bonne, j'ai du crédit ; et un procureur adroit qui exerce une charge de greffier a de grandes ressources. Voulez-vous voir mon portrait ?

ANGÉLIQUE. — L'avez-vous ici ?

ARLEQUIN. — Je fais toujours venir mon peintre avec moi. Car, comme j'y suis peint *in magistralibus*, je suis bien aise de le faire voir à tout le monde pour en avoir leur avis. Entrez, monsieur le peintre. Vous allez voir un portrait achevé; il me ressemble parfaitement. (Le peintre expose le portrait en vue.)

ARLEQUIN, vers Angélique. — Eh bien ! madame, que vous semble de la robe ?

LE PEINTRE. — Monsieur, je l'ai fait voir à toutes les personnes chez qui vous m'avez envoyé, et il n'y a personne qui n'ait dit qu'il n'y manquait que la parole, et que ce n'était pas ce qui en était le plus mauvais. On vous a, à cela près, fort bien reconnu.

ARLEQUIN. — Avec cette robe ? Mais cela est admirable, que cette affaire-là ait déjà fait un si grand bruit dans le monde ! Elle me fera honneur. Oh ! ma foi, il faut avouer que cela distingue bien un homme.

ANGÉLIQUE. — Il me semble que vous êtes peint un peu trop jeune.

ARLEQUIN.—Point, point, ma princesse; c'est la robe rouge qui le fait paraître : ce n'est pas que depuis que je suis à traiter de cette affaire, je me sens rajeuni de plus de dix ans.

COLOMBINE. — Il me semble aussi que vous avez les yeux plus petits et plus éraillés, le nez plus épaté, le menton plus long, la bouche plus ouverte, et tout le visage un peu plus baroque que votre portrait.

ARLEQUIN. — C'est ce diable d'habit noir qui fait cela ; et quoique ma charge me revienne à trois cent mille livres, je donnerais volontiers cent mille francs davantage si je pouvais avoir le reste de l'équipage aussi rouge que la robe. Mais, monsieur le peintre, vous avez mis du noir à ma robe rouge ?

LE PEINTRE — C'est l'ombre, monsieur.

ARLEQUIN. — C'est tout ce qu'il vous plaira, il faudra l'ôter. Je ne veux point de noir, je ne veux que du rouge.

LE PEINTRE.— Mais, monsieur, permettez-moi de vous dire que ce qui est de relief doit être dans sa couleur naturelle, et que ce qui est dans le fond doit être obscurci par l'ombre. Ce sont là les principes.

ARLEQUIN.—Oh ! monsieur, les principes en ont menti, et il ne sera pas dit que je serai magistrat dans le relief, et procureur dans le fond. Il ne faudrait pour l'achever que lui mettre sur les bras trois ou quatre sacs à procès ; et tout le monde dirait : Voilà monsieur Griffon, le procureur, qui va au Châtelet obtenir une sentence par défaut. Je veux me distinguer, entendez-vous, monsieur le peintre ? Ainsi ôtez-moi tout ce noir-là, et m'y mettez du rouge, et bien rouge.

LE PEINTRE. — Mais, monsieur, la peinture...

ARLEQUIN. — Oh ! monsieur, la peinture, la peinture... Mais cet homme-là me ferait perdre l'esprit. C'est que vous autres vous n'entrez point dans toutes les beautés d'une robe rouge ; et, afin que vous le sachiez, il n'y a rien de si beau que le rouge, car le rouge est une couleur... Enfin, rien ne distingue tant que le rouge, et quand on peut avoir du rouge, il faut être du dernier fou pour ne pas prendre du rouge.

GRAPILLE, entrant, bas à Griffon. — Monsieur, j'ai trouvé monsieur Grippe-sou ; il dit comme cela que votre affaire est rompue, et que les bourses sur lesquelles il avait compté lui ont manqué de parole.

ARLEQUIN. — Cet homme vient ici bien mal à propos. (Il le tire à quartier.) Mais, monsieur Grapille, d'où vient donc ce changement ? Ne leur a-t-on pas fait entendre que je prendrais les précautions pour leur en faire une constitution sur le pied que les gens d'affaires font leurs billets.

GRAPILLE. — Oui, monsieur ; mais ils disent qu'il n'y a plus de sûreté pour l'emploi.

ARLEQUIN. — Il n'y a plus de sûreté pour l'emploi ! sur une charge de greffier qui est entre les mains d'un procureur, d'un procureur qui hypothèque les gages de sa charge et même le tour du bâton qu'il prétend faire valoir à cent pour cinq !

GRAPILLE. — Cependant ils n'en ont voulu rien faire. Il leur a même fait entendre, quoique sans fondement, mais c'était pour les résoudre plus tôt, que vous étiez sans quartier, inflexible, sans pitié, et il leur a même promis que vous seriez sans justice.

ARLEQUIN. — Et avec tout cela ?

GRAPILLE. — Ils n'en ont voulu rien faire.

ARLEQUIN. — Les marauds ! ils veulent me tenir le

pied sur la gorge; mais je leur ferai bien connaître...
Serviteur, mesdames. (Il veut s'en aller.)

LE PEINTRE. — Et votre portrait, monsieur ?

ARLEQUIN. — J'ai autre chose en tête présentement
que mon portrait. Adieu.

LE PEINTRE. — Comment, monsieur ? Je prétends que
vous me payiez. Le portrait vaut trente pistoles en
robe rouge ; c'est un prix fait.

ARLEQUIN. — Je n'ai plus besoin de la robe rouge ; je
n'ai plus la charge, et je ne regarde plus cela comme
mon portrait.

GRAPILLE. — Pourquoi, monsieur? Il vous ressemble
si bien! faites-y mettre une robe noire.

LE PEINTRE. — Cela ne se pourrait pas : la tête est
faite pour une robe rouge, et il faudrait refaire un autre portrait.

ARLEQUIN — Eh bien! gardez votre portrait, je n'en
ai que faire. Quand une paire de souliers ne m'accom-
mode pas, je la laisse au cordonnier, et il la vend à un
autre.

LE PEINTRE. — Il n'en est pas de même d'un portrait,
monsieur: tous les visages ne se ressemblent pas; et
d'ailleurs un procureur en robe rouge n'est pas de dé-
faite, et il me faut de l'argent.

ARLEQUIN. — De l'argent! de l'argent! Mais voyez
donc cet impertinent! Traiter ainsi un homme qui a
pensé être de qualité! Savez-vous bien, mon petit ami,
que si je prends mon écritoire...

LE PEINTRE. — Savez-vous bien, monsieur le procureur, que je veux être payé, et en justice même!

ARLEQUIN. — Oui-dà, en justice! c'est où je t'attends,
en justice.

LE PEINTRE. — Oui, morbleu! nous plaiderons, et je
ferai voir à l'audience un procureur en robe rouge.

(Il se jette sur Arlequin, lui prend sa perruque et s'enfuit.)

ARLEQUIN. — Ah! coquin, je te ferai manger tes cou-
leurs, ta toile, ta palette, tes pinceaux. (A son laquais.)
Tortille, tortille, mon ami, vite... Ton chevalet, tes...

(Il s'en va et finit la scène.)

LA SUITE

DE LA

FOIRE SAINT-GERMAIN

OU

LES MOMIES D'ÉGYPTE

COMÉDIE

PERSONNAGES

ARLEQUIN, intrigant, sous le nom du baron de Groupignac.
COLOMBINE, intrigante, sous le nom de Léonore.
M. JACQUEMARD, procureur. Le Docteur.
Mᵐᵉ JACQUEMARD. Mezzetin.
L'ÉPINE. Scaramouche.

OSIRIS, dieu des Égyptiens. Scaramouche.
UNE SIBYLLE. La chanteuse.
UN LIMONADIER Pierrot.
PLUSIEURS GARÇONS LIMONADIERS, ET AUTRES PERSONNAGES MUETS.

(La scène est dans une boutique de la foire Saint-Germain.)

SCÈNE I. — ARLEQUIN, COLOMBINE.

ARLEQUIN, à part. — *Alessandro magno, quel grand filosofo, aveva ragione di dire, chez l'amore d'una donà* est un sable mouvant, sur lequel on ne peut bâtir que des châteaux en Espagne.

COLOMBINE, à part. — *Lucrezia Romana, di castissima memoria, aveva costume di dire, ch'il cuore d'un uomo* était bien trigaud, et qu'il ne s'y fallait non plus fier qu'à un almanach.

ARLEQUIN. — *La dona* est une girouette d'inconstance; un moulin à vent de légèreté; une belle de nuit qui n'est bonne que du soir au matin.

COLOMBINE. — *L'amor d'un uomo* est un petit brouillard d'été, qui se dissipe avec le soleil; un coq sur un clocher, qui tourne au moindre petit zéphyr.

ARLEQUIN, apercevant Colombine. — *Ecco* la belle de nuit inconstante, qui me fait tant pester contre le genre féminin.

COLOMBINE, apercevant Arlequin. — *Ecco* le petit brouillard d'été qui me fait haïr les hommes comme des mahométans. (Ils passent fièrement, et se rencontrent nez à nez.)

ARLEQUIN. — Mademoiselle, rangez-vous de mon chemin, s'il vous plaît.

COLOMBINE. — Avec votre permission, monsieur, n'embarrassez pas le passage.

ARLEQUIN. — Une ingrate comme vous ne sera jamais un remora capable d'arrêter un vaisseau comme le mien, qui cingle à pleines voiles sur l'océan des bonnes fortunes.

COLOMBINE. — Un perfide comme vous ne sera jamais une ornière capable de m'empêcher de rouler dans le grand chemin des prospérités. Quand une fille a quelque savoir-faire, elle ne manque pas d'adorateurs.

ARLEQUIN. — Quand un homme est tourné d'une certaine manière, il ne manque point d'adoratrices.

COLOMBINE. — J'ai refusé d'être commis chez un commis de la douane, qui m'aurait fait bien des gracieusetés, et où j'aurais tenu la caisse.

ARLEQUIN. — Il ne tient qu'à moi d'être gouverneur des filles d'honneur d'une honnête dame qui demeure dans la rue Froidmanteau.

COLOMBINE. — Je passe sous silence les avances que me fait un procureur moderne, qui me signifie tous les jours quelque avenir amoureux, et qui veut m'associer à sa pratique

ARLEQUIN. — Je ne fais point mention d'une ancienne procureuse qui me donne toujours quelque exploit galant, et qui m'a accordé la préférence sur quatre grands clercs.

COLOMBINE, d'un ton radouci. — Peut-on savoir le nom de votre ancienne procureuse?

ARLEQUIN, du même ton. — Peut-on apprendre comment s'appelle votre procureur moderne?

COLOMBINE. — Si vous n'étiez pas un petit indiscret...

ARLEQUIN. — Si vous n'étiez pas une grande babillarde...

COLOMBINE. — *Io vi dirie* que c'est monsieur Jacquemard.

ARLEQUIN. — *Io vi dirie* que c'est madame Jacquemard.

COLOMBINE. — Madame Jacquemard ! *E possibile ? Ah ! caro Arlichino.* Nous négocions l'un et l'autre dans la même boutique.

ARLEQUIN. — *Ah! carissima Colombina!* embrassez-moi. Nous travaillons tous deux dans le même atelier.

COLOMBINE. — J'ai fait croire à M. Jacquemard que je suis une fille de qualité de province, nommée Léonore, et que je suis à Paris pour solliciter un procès.

ARLEQUIN. — Et moi, je me suis introduit auprès de la procureuse, sous le nom du baron de Groupignac, *e che sono venuto à Parigi per sollecitar un dono.*

COLOMBINE. — Quel est-il ce don ?

ARLEQUIN. — C'est de pouvoir seul avoir des haras de mulets dans les montagnes d'Auvergne.

COLOMBINE. — Il faut de cette affaire faire notre fortune. Tu sais que notre mariage n'est retardé que par notre indigence : il faut que nous plumions ces oisons. J'assigne dès à présent ma dot sur les malversations du procureur.

ARLEQUIN. — Et moi, ton douaire sur les malversations de la procureuse. L'Epine est dans mes intérêts.

COLOMBINE. — Il est aussi dans les miens, et son secours ne nous sera pas inutile.

SCÈNE II. — COLOMBINE, ARLEQUIN, L'ÉPINE.

COLOMBINE. — Mais le voici.

L'ÉPINE. — Je vous trouve à propos : vos affaires sont en bon train. (A Colombine.) Votre procureur ne manquera pas de se trouver tantôt dans ma boutique, pour voir mes momies, où il vous prépare une collation magnifique,

(A Arlequin.) Et, pour la procureuse, je l'attends ici, et je vais faire en sorte de la faire trouver aussi chez moi.

ARLEQUIN. — Tant mieux. Si les parties sont assemblées, nous plaiderons contradictoirement.

L'ÉPINE. — Dès qu'ils seront tous dans ma boutique, je vous dirai ce qu'il faudra que vous fassiez. (A Colombine.) En attendant, Colombine, il faut que tu te déguises en Egyptienne : je te cacherai dans ma boutique, et... (Il lui parle à l'oreille.) Mais allez-vous-en : voici madame Jacquemard qui vient.

SCÈNE III

L'ÉPINE ; MADAME JACQUEMARD, vêtue d'un brocart d'or sur un fond écarlate et chargé de beaucoup de rubans.

L'ÉPINE. — Serviteur à madame Jacquemard. Que vous êtes brillamment et élégamment mise! quel bel habit!

MADAME JACQUEMARD. — Vous voyez, monsieur de l'Epine; c'est un petit déshabillé à bonnes fortunes, que je me suis donné exprès pour venir à la foire.

L'ÉPINE. — Ah! madame, vous êtes si belle, que vous n'avez pas besoin de toutes ces parures-là pour plaire.

MADAME JACQUEMARD. — On a beau être jeune, mignonne, pouponne, ces fripons d'hommes sont si intéressés, qu'à moins qu'ils ne voient briller l'or dessus et dessous, ils s'imaginent qu'une femme est un garde-magasin, et ils veulent l'avoir pour moitié de ce qu'elle vaut.

L'ÉPINE. — Il est vrai qu'on aime assez l'étalage; et, dans les boutiques bien parées, on y vend une fois plus cher qu'ailleurs.

MADAME JACQUEMARD. — On attrape assez l'air de qualité, comme vous voyez. Mon mari ne sait pas que j'ai ce petit déshabillé-ci. C'est le surtout des menus plaisirs : il est déjà tout fripé.

L'ÉPINE. — Mais si votre mari vous trouve avec cet ajustement, il pourra bien jeter l'habit par les fenêtres, sans songer que vous seriez dedans.

MADAME JACQUEMARD. — Oh! je ne crains rien.

L'ÉPINE. — Il faudra, madame, que vous veniez voir mes momies d'Egypte. Elles sont très-rares, et M. le baron de Groupignac m'a promis qu'il s'y trouverait: je sais qu'il ne vous est pas indifférent.

MADAME JACQUEMARD. — Je n'ai rien de caché pour M. de l'Epine; je connais sa discrétion, et je lui avouerai que je me sens si frappée de ce M. de Groupignac, que si mon bâtier de mari était mort, je n'en ferais pas à deux fois; et je l'épouserais d'abord en lui donnant tout mon bien.

L'ÉPINE. — Vous ne sauriez mieux faire; c'est un homme d'un vrai mérite. J'ai une Egyptienne dans ma boutique, qui pourrait bien deviner le temps que vous l'épouserez. Mais je crois que je l'entends. Madame, je vous laisse pour me rendre chez moi. Si l'Egyptienne vous tente, venez-y, et je vous promets que je vous ferai parler à elle en toute sûreté. Serviteur.

MADAME JACQUEMARD. — Je vous réponds que j'irai dans un moment chez vous.

SCÈNE IV

MADAME JACQUEMARD; ARLEQUIN, en baron de Groupignac.

ARLEQUIN, vers la cantonade.

Holà, quelqu'un! Basque, Champagne, La Fleur, Poitevin, Coupejarret! Laquais *major*, autrement mon secrétaire, j'ai laissé sur mon bureau vingt ou trente billets doux; allez les ouvrir, et y faites réponse; mais d'un style tigre et cruel; j'ai d'autres amours en tête. Laquais *minor*, allez dire à cette veuve que je n'irai point la voir qu'elle n'ait reçu ce remboursement. Laquais *minimus*, vous irez chez la vieille baronne de Trancot, savoir si son visage est pleinement rentré des crevasses de la petite vérole. Mon suisse, venez çà; vous, dont le bras est aguerri à soutenir l'assaut des créanciers, redoublez de force aujourd'hui, et repoussez vigoureusement toutes les femmes qui viendront m'as-

siéger. (A madame Jacquemard.) Ah! madame, vous voilà?
Que de beautés! Que d'appas! Quelle fourmilière de
charmes! Que ces yeux, ce nez, ces dents, ce teint, que
tout cela est bien travaillé! Avez-vous acheté cela tout
fait?

MADAME JACQUEMARD. — Ah! monsieur, je n'achète
point de charmes; la nature y a assez pourvu : je suis
toute naturelle, moi.

ARLEQUIN. — Que cela est artistement élabouré! Je me
donne au diable, si je n'aimerais pas mieux avoir fait
ce visage-là que la machine de Marly.

MADAME JACQUEMARD. — On serait bien heureuse,
monsieur le baron, si l'on pouvait, auprès de vous,
mettre à profit ses petits appas.

ARLEQUIN. — Petits appas, madame? Ah ciel! quelle
hérésie! voilà les plus gros que j'ai vus de ma vie. Vous
me charmez, vous m'enchantez, vous m'enlevez, vous
m'enthousiasmez. Non, je n'y saurais tenir; il faut que
je vous embrasse. (Il veut l'embrasser et la remplit de poudre.)

MADAME JACQUEMARD. — Ah! petit séducteur, vous ne
cherchez qu'à me jeter de la poudre aux yeux! Ah! ah!
(Elle minaude.)

ARLEQUIN. — L'éclat de vos charmes m'éblouit bien
davantage, beau soleil de mon âme! plus je vous vois,
plus je vous trouve adorable. M'aimez-vous?

MADAME JACQUEMARD. — Ah! fi donc, aimer! je m'éva-
nouis quand j'entends seulement prononcer le mot d'a-
mour; mais on aurait quelques bontés pour vous, si
vous n'étiez pas si dissipé.

ARLEQUIN. — Il faut bien qu'un homme de qualité rem-
plisse ses devoirs. On se lève tard. Avant qu'on ait
écarté des créanciers, fait quelque affaire avec les usu-
riers, qu'on se soit montré dans les lansquenets, on
est tout étonné que la nuit est bien avancée, et qu'il faut
aller rosser le guet.

MADAME JACQUEMARD. — Vous êtes, à ce qu'il me pa-
aît, fort régulier à vos exercices.

ARLEQUIN. — Pour me rendre plus assidu auprès de
ous, je me suis un peu relâché cette semaine; et voilà

déjà cinq hommes qu'on a tués, où je n'ai aucune part. Mais que ne fait-on pas pour vous ? Que vous êtes ensorcelante ! (Il lui baise la main.)

MADAME JACQUEMARD. — Fi donc, fi donc, monsieur le baron !

ARLEQUIN. — Où est donc ce diament que vous mettez d'ordinaire à votre petit doigt, et qui me va si bien au pouce ?

MADAME JACQUEMARD. — Je vous l'apporterai tantôt.

ARLEQUIN. — N'y manquez donc pas. Que vous parlez élégamment, ma princesse ! En vérité, je ne vois personne qui ait une tournure d'esprit aussi arrondie. Le diable m'emporte, vous l'avez comme le corps.

MADAME JACQUEMARD. — Tout de bon ? me trouvez-vous de votre goût ? Mon tailleur dit qu'il y a de l'honneur à m'habiller. Je ne suis pas des plus menues ; mais si vous y prenez garde, je suis assez bien prise dans ma taille.

ARLEQUIN. — Vous êtes à charmer. Fi ! je n'aime pas ces grandes tailles de fuseau, qui sont toujours prêtes à rompre. Je veux, morbleu, des tailles épaisses et renforcées, comme la vôtre. J'ai eu autrefois un roussin breton, qui était le meilleur animal qui fut jamais : il avait la côte tournée comme vous. Je crois que vous avez la jambe d'un beau volume ! souffrez que j'en voie un échantillon.

MADAME JACQUEMARD. — Fi donc, arrêtez-vous, petit entreprenant. Sans vanité, je ne l'ai pas mal tournée. (Elle fait voir un peu sa jambe.)

ARLEQUIN. — Le joli petit balustre ! Ah ! madame, votre beauté durera longtemps ; elle est bâtie sur pilotis. (Il veut lui toucher la jambe.)

MADAME JACQUEMARD. — Tout beau, tout beau, monsieur ! un peu de modestie.

ARLEQUIN. — Oh ! plus que vous ne voudrez. Vos jambes sont les colonnes d'Hercule : c'est pour moi le *non plus ultra*.

MADAME JACQUEMARD. — Je vous laisse, et vais de ce pas aux momies, consulter une Égyptienne sur la mort de mon mari et notre futur mariage, Adieu, petit Hercule.

ARLEQUIN. — Adieu, charmante colonne qui soutiens l'architrave de mon amour.

SCÈNE V

ARLEQUIN seul. — Il me semble que la procureuse ne donne pas mal dans le panneau. Allons nous déguiser, pour l'attraper, elle et son mari, et la faire venir à nos fins.

SCÈNE VI

Le théâtre change, et représente une ruine; on voit dans l'enfoncement des pyramides et des tombeaux, entre autres ceux de Marc-Antoine et de Cléopâtre.

(Osiris paraît au milieu de ces tombeaux, frappe de sa baguette une sibylle qui était couchée au pied d'une pyramide; la sibylle se lève, avance sur le bord du théâtre et chante.)

OSIRIS, LA SIBYLLE.

LA SIBYLLE chante.

Sous ces beaux monuments, d'éternelle mémoire,
Je ranime la cendre, et trouble le repos
  De ces rois et de ces héros
Qui jadis, dans l'Egypte, ont signalé leur gloire.
 Je garde aussi, sous ces tombeaux fameux,
   Les mânes précieux
   De ces femmes charmantes,
  Qui firent jusque dans les cieux
  Elever ces masses pesantes,
  Et par des histoires brillantes,
Signalèrent leur nom dans l'empire amoureux.

(On joue une ritournelle gaie, et la sibylle continue de chanter.)

  Si, dans ces lieux, toutes les belles,
   Qui ne sont pas cruelles,
  Pour immortaliser leur sort,
 Laissaient de quoi bâtir, après leur mort,
   Des monuments aussi solides,
   On verrait bien des pyramides.

SCÈNE VII

OSIRIS, MADAME JACQUEMARD, LA SIBYLLE.

MADAME JACQUEMARD. — Monsieur, n'est-ce point vous qui montrez les momies?

OSIRIS. — Je suis Osiris, le dieu de l'Égypte.

MADAME JACQUEMARD. — Puisque vous êtes le dieu de l'Égypte, ne pourriez-vous point me faire parler à quelqu'une de vos Egyptiennes, pour lui demander son avis sur une petite affaire?

ORISIS. — Volontiers. Je veux, en votre faveur, rappeler à la lumière une des plus illustres.

(Il frappe de sa baguette une pyramide, Colombine sort.)

SCÈNE VIII

OSIRIS, MADAME JACQUEMARD, COLOMBINE, en Égyptienne ; LA SIBYLLE.

MADAME JACQUEMARD. — On m'a dit, madame, que vous étiez une Bohémienne fort habile dans votre métier, et que vous deviniez à merveille.

COLOMBINE. — On vous a dit vrai; il y a plus de six mille ans que nous devinons dans notre famille, de père en fils. Je suis la première femme du monde pour crocheter les cadenas de l'avenir. En voyant votre taille et votre moustache, je devine que vous êtes menacée d'une longue stérilité.

MADAME JACQUEMARD. — M. Jacquemard, mon mari, ne se plaint point de moi. Je l'ai fait père de dix-huit Jacquemardeaux, tous portant barbe.

COLOMBINE. — J'ai deviné qu'au printemps prochain, plusieurs femmes payeraient aux officiers leur quote-part des frais de la campagne pour éviter les exécutions militaires.

MADAME JACQUEMARD. — Je le crois bien; mais...

COLOMBINE. — J'ai deviné qu'au renouveau le sang des procureuses serait terriblement petillant; et que si elles jouaient au lansquenet, leurs maris seraient les premiers pris.

MADAME JACQUEMARD. — Madame, je suis procureuse, et...

COLOMBINE. — En voyant une sultane d'opéra troquer ses diamants bâtards contre des légitimes, j'ai deviné qu'elle avait fait de furieuses exactions sur quelque gros bacha sous-fermier.

MADAME JACQUEMARD. — D'accord ; mais vous saurez...

COLOMBINE. — En voyant deux Gascons entrer au cabaret, j'ai deviné que ce serait le cabaretier qui payerait l'écot.

J'ai deviné qu'à la Saint-Martin, tout homme de robe et tout abbé feraient suspension d'armes ; mais qu'au départ des officiers, on verrait écrit en lettres d'or, sur la porte des coquettes : *Cedant arma togæ*.

MADAME JACQUEMARD. — Il n'est pas question de cela.

COLOMBINE. — J'ai deviné que les bals de cette année seraient dangereux ; et que les hommes seraient si bien masqués, que mainte femme y prendrait quelque aventurier pour son mari.

J'ai deviné que beaucoup de mères coquettes, voyant chaque jour leur visage menacer ruine, tâcheraient de faire recevoir leur fille en survivance.

MADAME JACQUEMARD. — Je n'ai que deux mots.

COLOMBINE. — J'ai deviné qu'il y aurait cet été aux Tuileries plus de nymphes bocagères que de faunes et de chèvres-pieds, et que les Apollons de ce pays-là ne trouveraient point de Daphné assez cruelle pour se laisser métamorphoser en laurier. En voyant tant de galanteries mercenaires, j'ai deviné que l'amour était devenu courtier de change, et que les cœurs se négociaient à présent de place en place.

MADAME JACQUEMARD. — Mais laissez-moi donc parler.

COLOMBINE. — J'ai deviné, en voyant un milord de la rue des Bourdonnais, qui avait perdu son argent contre une jolie femme, qu'il ne serait pas longtemps à se racquitter.

J'ai deviné que les carrosses de deux bourgeoises de

qualité se rencontreraient tête à tête dans une petite rue, et qu'après avoir fait repaître leurs personnes et leurs chevaux on en ferait une scène lucrative à l'hôtel de Bour ne.

MADAME JACQU ARD. — Vous avez deviné juste; mais...

COLOMBINE. — J'ai deviné qu'il y aurait cette année bien des filous qui voudraient changer d'état; bien des maris qui voudraient porter le deuil de leurs femmes, et encore plus de femmes qui postuleraient des emplois de veuve.

MADAME JACQUEMARD. — Ah! voilà la question, madame.

COLOMBINE. — Comment? est-ce que vous voudriez que votre mari fût mort?

MADAME JACQUEMARD. — Non, pas tout à fait; mais je voudrais savoir si je serai mariée en secondes noces.

COLOMBINE. — Donnez-moi votre main. Diantre! voilà une main bien nuptiale. Vous avez bien des soupirants; entre autres un certain baron de Grou...

MADAME JACQUEMARD. — Groupignac, n'est-ce pas?

COLOMBINE. — Groupignac, oui; un échappé des montagnes de l'Auvergne. Il vous a horriblement égratigné le cœur.

MADAME JACQUEMARD. — Cela est vrai. (A part.) Comme elle devine cela! (Haut.) Il m'a promis de m'épouser aussitôt que la place serait vacante. Mais, vous le savez, les barons d'aujourd'hui sont si inconstants!

COLOMBINE, à part. — Et les mesdames Jacquemard si laides!

MADAME JACQUEMARD. — Dites-moi un peu ce qu'il faudrait faire pour le fixer dans le goût de me tenir un jour sa parole.

COLOMBINE. — Avez-vous des bijoux, des diamants, de l'argent comptant?

MADAME JACQUEMARD. — Oh! oui : je suis très-bien nippée et très-riche.

COLOMBINE. — Eh bien! écoutez la Sibylle : elle va vous dire ce qu'il faudra faire,

LA SIBYLLE chante.

Quand on a passé sa jeunesse,
On achète bien cher les fruits de la tendresse.
Il ne faut pas qu'une vieille prétende
Faire l'amour à communs frais ;
Et trop heureuse encor que son argent lui rende
Ce que l'âge sur elle a moissonné d'attraits!

SCÈNE IX

OSIRIS, MADAME JACQUEMARD, M. JACQUEMARD, LA SIBYLLE.

M. JACQUEMARD, apercevant sa femme. — Que faites-vous donc ici, madame?

MADAME JACQUEMARD. — Qu'y faites-vous, vous? Que je suis malheureuse! Est-ce que je rencontrerai toujours ce petit brutal-là en mon chemin?

M. JACQUEMARD. — Est-ce que vous venez à la foire pour y donner la comédie? Quel habit de folle avez-vous donc là? Est-ce là l'habit d'une procureuse?

MADAME JACQUEMARD. — Procureuse, moi? Apprenez, mon ami, que je suis la femme d'un procureur, mais que je ne suis point procureuse, et que je puis porter l'or et l'argent à meilleur titre que de vieilles comtesses qui doivent encore leur habit de noce.

M. JACQUEMARD. — Il n'y a pas un de ces diamants-là qui ne m'ait coûté un procès, et peut-être une fausseté.

MADAME JACQUEMARD. — Je serais bien malheureuse d'être lardée de faussetés depuis les pieds jusqu'à la tête! Mais, monsieur, consolez-vous : ces diamants-là ne vous coûtent rien.

M. JACQUEMARD. — Ils ne vous coûtent pas grand'-chose non plus.

MADAME JACQUEMARD. — Comment! que voulez-vous dire? Ils ne me coûtent pas grand'chose! Je veux bien que vous sachiez que je n'ai jamais rien fait pour de l'argent.

M. JACQUEMARD. — Tant pis, madame; il y a de certains métiers où il vaut mieux recevoir que donner.

MADAME JACQUEMARD. — Plutôt que de censurer ma
conduite, vous feriez mieux de réformer la vôtre, et
de ne pas faire tous les jours le petit libertin.

M. JACQUEMARD. — Je n'ai rien à réformer à ma conduite, et je souhaiterais que la vôtre fût aussi régulière
dans le fond et dans la forme.

MADAME JACQUEMARD. — Cela est étrange! Ces gens
de pratique ont toujours quelque petit ménage par
apostille, et ils ne regardent leur femme que comme
un inventaire de production.

OSIRIS. — Doucement. Il n'est pas question de se
disputer ici. Vous êtes venus pour voir les momies, et
non pour quereller. Faites donc silence, et regardez;
vous allez voir Marc-Antoine et Cléopâtre.

SCÈNE X

(Un grand tableau s'ouvre, et laisse voir Marc-Antoine et Cléopâtre
couchés, l'un tenant une épée, l'autre un serpent; ils sont vêtus
en momies.)

OSIRIS, M. JACQUEMARD, MADAME JACQUEMARD;
ARLEQUIN, en Marc-Antoine; COLOMBINE, en Cléopâtre.

M. JACQUEMARD. — Je crois que voilà Léonore ma
maîtresse.

MADAME JACQUEMARD. — Je crois que voilà mon baron
de Croupignac!

COLOMBINE, en Cléopâtre, sort de sa tombe et dit d'un ton
tragique :

Quel éclat vient frapper ma débile paupière?
Quel dieu cruel me force à revoir la lumière,
Moi qui, me dérobant aux rigueurs de mon sort,
Trouvai tant de douceur à me donner la mort?
J'ai triomphé du coup dont vous vouliez m'abattre,
Grands dieux! que voulez-vous encor de Cléopâtre?

Mais, que vois-je en ces lieux? l'ombre de mon époux?
    Marc-Antoine, est-ce vous?

ARLEQUIN, en Marc-Antoine, se lève, étend les bras, se frotte
        les yeux, et dit d'un ton comique :

Ah! que j'ai bien dormi! Bonjour, Cléopâtrine.
    Quelle heure est-il? J'ai soif et faim.
    Va vite me tirer chopine;
    Mais ne la bois pas en chemin.

COLOMBINE.

Cet indigne discours rend ma douleur plus vive.
Ne te souvient-il plus que tu fus roi des rois;
Un héros?

ARLEQUIN.

    Moi, héros! Dame! j'ai quelquefois
    La mémoire un peu laxative.
Etions-nous morts tous deux? Par ma foi, je croyois
    Qu'en bons et francs époux bourgeois,
Tous deux au même lit, le ragoût d'Hyménée
Nous avait fait dormir la grasse matinée.

COLOMBINE.

De son esprit troublé que puis-je soupçonner?

ARLEQUIN.

Déchausse le cothurne, et songe au déjeuner.
Ton œil me met en goût, et me sert d'échalote.
Cette anguille est dodue, et vaut bien un poulet;
    Au lieu d'en faire un bracelet,
    Va m'en faire une matelote.

COLOMBINE.

J'ai toujours conservé, sur mon bras étendu,
    Ce sûr témoin de ma vertu.
Quand ta mort eut brisé nos conjugales chaînes,
Cet aspic fit glisser son venin dans mes veines.

ARLEQUIN.

    On a fait courir ce bruit-là;
    Mais tu connais la médisance:
    L'un le crut, l'autre s'en moqua;
    Dis-moi la chose en conscience.
    Fût-ce un aspic qui te piqua;

Ou bien si tu mourus de rage
De n'avoir pu chanter un *bis* de mariage?

COLOMBINE.

Tout l'univers a su mon trépas éclatant.

ARLEQUIN.

Je le tiens apocryphe. Euh! petit charlatan.
A quelque autre que moi va vendre ta vipère,
     Pour faire de l'orviétan,
Ou pour pendre au plancher de quelque apothicaire.
Si de cette vipère on faisait, à Paris,
De la poudre à guérir les coquettes fieffées,
     On en vendrait moins, prix pour prix,
     Pour les estomacs affaiblis
     Que pour les vertus délabrées,

COLOMBINE.

Pour sauver ma vertu, j'employai le poison.

ARLEQUIN.

Ouiche, tarare, ponpon!

COLOMBINE.

Auguste est mon garant; je méprisai sa couche.

ARLEQUIN, d'un ton héroïque.

Malheureuse! quel nom est sorti de ta bouche!
A ce nom, de courroux je me sens embrasé.
Et je suis à présent dé-Marc-Antonisé.
Tu veux m'en imposer par ton récit tragique.

COLOMBINE prend le ton badin.

Mon bichon, mon Antonichon,
Je prendrai, si tu veux, le ton tragi-comique.
     Les femmes de certain renom
     Savent chanter sur chaque ton;
     Même sur celui du flon flon.

ARLEQUIN.

Telle qu'une coquette, en superbe ordonnance,
Vient étaler au cours le plus fin de son art,
     Pour ranger sous son étendard
     Quelque colonel de finance;
Telle, et plus belle encore, on vous vit dans un char,

Aller pompeusement au-devant de César.
      Là vous mîtes en batterie
Soupirs, roulement d'yeux, mines, minauderies,
      Pour faire encore échec et mat
      Les débris du triumvirat.
Mais, avec tout l'effort de votre artillerie,
Croyant prendre un héros, vous ne prîtes qu'un rat.

COLOMBINE.

Quand je voudrai mettre un amant en cage,
      J'y réussirai, sur ma foi:
      Princesse aussi riche que moi
      Perd rarement son étalage.
Ingrat! pour tes beaux yeux j'ai, contre le Romain,
      Mis cent fois l'épée à la main.

ARLEQUIN.

Fi! vous n'êtes qu'une bretteuse.

COLOMBINE.

      Cœur de caillou, sang de macreuse!
      Par une marotte amoureuse,
      Pour toi, j'ai trotté sur les mers;
      J'ai rôdé par tout l'univers;
J'ai galopé l'Europe, et l'Asie, et l'Afrique.

ARLEQUIN.

On n'avait point encor découvert l'Amérique.
      Ce fut pour toi le plus grand des bonheurs;
      Car, ma foi, pour te rendre sage,
On t'eût fait commander, dans ce chétif voyage,
      L'arrière-ban des Noseurs.

COLOMBINE.

Venons au fait: veux-tu me reprendre pour femme?

ARLEQUIN.

Nenni, ventre saint-gris! madame.

COLOMBINE.

Petit mouton d'amour, doux objet de mes vœux!

ARLEQUIN.

Je sens que je m'en vais retomber amoureux.
      Marc-Antoine, point de faiblesse.

COLOMBINE reprend le ton héroïque.

Cléopâtre, plus de tendresse.
Rentrons dans nos tombeaux. Adieu, perfide, adieu.

ARLEQUIN.

Venez çà, petit boute-feu.
Qu'on m'aille chercher un notaire;
La femme est un mal nécessaire.

COLOMBINE.

Et l'homme est un faible animal.

ARLEQUIN.

Nouons à double nœud le lien conjugal.
Donne-moi la main, scélérate.

COLOMBINE.

Mon cher Toinon, mets-là ta patte.

MADAME JACQUEMARD. — Tout beau, s'il vous plaît;
je mets empêchement à ce mariage-là, et j'ai hypothèque sur Marc-Antoine.

M. JACQUEMARD, à Colombine. — Comment donc, mademoiselle! ne m'avez-vous pas promis de m'épouser
quand ma femme serait crevée?

MADAME JACQUEMARD. — Comment, merci de ma vie!
quand je serai crevée? Je veux vivre cent ans, pour te
faire enrager, et pour t'empêcher d'épouser ta demoi-
sillon.

M. JACQUEMARD. — A la bonne heure; mais vous n'é-
pouserez pas non plus votre baron.

MADAME JACQUEMARD. — Je ne l'épouserai pas; mais
je lui donnerai tout mon bien. Tenez, monsieur le
baron, voilà déjà un diamant que je vous donne. (Elle
tire un diamant de son doigt et le donne à Arlequin.)

M. JACQUEMARD. — Je n'épouserai pas Léonore; mais
je lui donnerai tout ce que j'ai. Tenez, mademoiselle,
voilà une bourse de cent louis.

MADAME JACQUEMARD, à Arlequin. — Tenez, voilà un
collier de mille écus.

M. JACQUEMARD, à Colombine. — Voilà un petit contrat
de cinq cents livres de rente.

MADAME JACQUEMARD. — Et moi je vous donne ma
maison de la rue de la Huchette.

M. JACQUEMARD. — Et moi, ma terre de la Pissotte, la maison de Paris, l'étude, les trois grands clercs... Ah! j'étouffe.

ARLEQUIN. — Et nous, nous vous donnons le bonsoir. Présentement que nous tenons de quoi faire la noce, il est bon de vous dire que la prétendue Léonore s'appelle Colombine; qu'elle est une friponne de sa profession; et que le baron de Croupignac, autrement dit Marc-Antoine, est Arlequin, autre fourbe de son métier.

MADAME JACQUEMARD. — Quoi!... N'importe, je suis contente, pourvu que mon benêt de mari n'épouse pas sa grisette.

M. JACQUEMARD. — Et moi aussi, pourvu que vous n'épousiez pas votre baron.

ARLEQUIN. — Puisque tout le monde est content, divertissons-nous, et faisons la noce de Marc-Antoine.

SCÈNE XI

(Osiris frappe, et le théâtre change : on voit un jardin orné de bufefets de cristal. Le tombeau de Marc-Antoine se change en un table, et les momies viennent servir. M. Jacquemard lave ses mains, ôte son manteau et sa perruque, met un petit bonnet et se met à table le premier.)

OSIRIS, M. JACQUEMARD, ARLEQUIN, COLOMBINE, LA SIBYLLE; MOMIES servant à table; GARDES de Marc-Antoine armés de mousquetons.

ARLEQUIN. — Comment, ventrebleu! mon petit praticien français, vous êtes bien hardi de vous mettre à table devant Marc-Antoine romain! (Il le fait sortir de table en le prenant par le bras et lui donnant un coup de pied, et il chante :)

> Monsieur Jacquemard, faites Gille,
> Ce n'est point aux procureurs
> A donner des cadeaux aux filles.
> Prenez votre sac et vos quilles :

Faites Gille, faites Gille;
Allez chercher fortune ailleurs.

(Jacquemard veut se fâcher ; deux gardes de Marc-Antoine le mettent
  sous la table, et le couchent en joue pendant tout le repas ; tout
  le monde mange, et Arlequin chante :)

Monsieur Jacquemard est benin,
    Docile et débonnaire :
Il nous fait boire de bon vin ;
    Mais il n'en boira guère.

LE CHŒUR répète.
Il nous fait boire de bon vin ;
    Mais il n'en boira guère.

ARLEQUIN.
Il plaide comme un Cicéron ;
    En procès, c'est un diable ;
Mais, quand il voit un mousqueton,
    Il plaide sous la table.

LE CHŒUR.
Mais quand il voit un mousqueton,
    Il plaide sous la table.

ARLEQUIN.
Aux frais du plaideur indiscret
    Il boit à la buvette ;
Mais il défraye au cabaret
    Et plumet et grisette.

LE CHŒUR.
Mais il défraye au cabaret
    Et plumet et grisette.

SCÈNE XII

LES ACTEURS PRÉCÉDENTS; UN LIMONADIER.

LE LIMONADIER, suivi de plusieurs garçons. — Messieurs,
voilà les liqueurs que vous avez demandées. Vin
muscat, vin de Saint-Laurent; des eaux de cannelle,
des eaux de Forges, des eaux de Bourbon.

ARLEQUIN. — Mets tout cela sur le buffet, mon ami.

LA SIBYLLE chante.

Les rois d'Egypte et de Syrie
Voulaient qu'on embaumât leurs corps
Pour durer plus longtemps morts;
Quelle folie!
Avant que de nos corps notre âme soit partie,
Avec du vin embaumons-nous :
Que ce baume est doux!
Embaumons-nous, embaumons-nous,
Pour rester plus longtemps en vie.

LE LIMONADIER. — Messieurs, il faut que je m'en
aille; mais, avant que de partir, dites-moi, s'il vous
plaît, qui me payera.

ARLEQUIN. — Cela est juste. M. Jacquemard payera.
Va : il répond de tout.

M. JACQUEMARD, sous la table. — Moi! je ne réponds de
rien : je n'en payerai pas un sou.

ARLEQUIN. — Vous ne payerez pas! Mousquetaires,
remettez-vous; tirez.

M. JACQUEMARD. — Ne tirez pas, j'aime mieux payer:
mais qu'on me laisse donc sortir.

ARLEQUIN. — Volontiers, laissez-le aller; après qu'il
aura payé, s'entend.

(Jacquemard sort de dessous la table, et paye le limonadier avant
que de quitter la scène. Ils sortent tous les deux.)

DIVERTISSEMENT

(Tous les acteurs se lèvent, tenant chacun leur verre plein, et
chantent les couplets suivants, qui sont accompagnés de trompettes et de tambours.)

LA SIBYLLE.

Verse-moi du vin dans mon verre.
Choquons, faisons un bruit de guerre
Qui puisse durer toujours.
Répondez-moi, trompettes et tambours.

(Les trompettes et les tambours se font entendre.)

Et tandis que Mars, sur la terre,
Ne fait point gronder son tonnerre,

Chantons le vin et nos amours.
Répondez-moi, trompettes et tambours.
(Les trompettes, etc.)

MEZZETIN,

Si notre pièce a su vous plaire,
Quoique en carême encor, nous ferons bonne chère;
Le carnaval pour nous va reprendre son cours.
Répondez-moi, trompettes et tambours.
(Les trompettes, etc.)

ARLEQUIN.

A la santé du parterre :
Le ciel veuille allonger ses jours !
Et que dans notre gibecière
Son argent foisonne toujours.
Répondez-moi, trompettes et tambours.
(Les trompettes, etc.)

FIN

Paris. — Typ. Tolmer et Isidor (Joseph, rue du Four Saint-Germain, 49.